家庭学習ガイド
暁星小学校

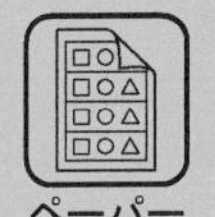
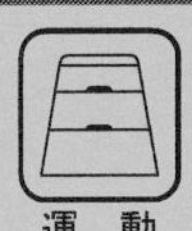

ペーパー　運動　行動観察　保護者面接

入試情報

応募者数：561名
出題形態：ペーパー（1次）・ノンペーパー（2次）
保護者面接：あり※2次試験で実施
出題領域：記憶、図形、数量、推理、言語、口頭試問、制作、運動、行動観察

入試対策

「難度の高い問題が短時間のうちに出題される」というのが当校の1次試験（ペーパーテスト）の特徴です。この1次試験を突破するためには、ふだんの学習から指示を正確に理解した上で、時間を意識し、ケアレスミスもなくしていかなければなりません。図形を中心に基礎的な問題をできるだけ多く解き、正確さとスピードを身に付けた上で、ひねった問題や複合的な問題に対応する練習へと進みましょう。
2次試験では、例年、巧緻性テスト、行動観察が出題されます。いずれも集団生活に対する順応性を評価するための問題です。

●本年度の入試では志願者の面接はなく、保護者面接のみが行われました。

●集団での行動観察はなく、制作を中心とした個人作業が観察の対象です。

●「図形」分野の問題には難しいものが見られます。過去に出題されたものに加えて、多種多様な問題を扱った教材を使用して、できるだけ多くの問題に取り組みましょう。

●2次試験の行動観察は、各7名の4グループで実施されました（生年月日順に赤・青・黄・緑の名前が付けられる）。課題によって2グループごと、個別のグループごとといったように、柔軟に変更しているようです。課題に取り組む順番も、グループによって異なる場合があります。ふだんの生活から、初対面の相手に、思ったこと、感じたことをはっきりと伝えることを心がけてください。

●運動では、指示を正確に聞き取り、周りの行動に流されないことも重要です。取り組む姿勢とともに注意しましょう。

〈合格のためのアドバイス〉

当校は、首都圏でも有数の難関校です。入学試験は２段階選抜を採用しており、１次試験のペーパーテストに合格しなければ２次試験に進むことができません。まずはペーパーテストに充分な対策が必要になります。

2020年度もペーパーテストの時間は従来通り30分間です。内容はもちろん、短時間で数多くの問題を解かなければならないという意味でも「難しい入試」と言えるでしょう。

対応策としては、例えば、ご家庭での学習時間を30分単位に設定し、30分ごとに休憩を挟むといった工夫をしてみましょう。常日頃から実際の試験を意識することで、学習に対する集中力が増すだけでなく、試験で妙なプレッシャーを感じることがなくなります。

毎年必ず出題される分野は、**お話の記憶**と**図形**です。**お話の記憶**は、他校とは違う切り口の問題、ストーリーとは関係のない問題などが出題されます。落ち着いて注意深く聞き、解答する練習を重ねてください。また、内容をイメージしながら聞く習慣を身に付けるために、途中で質問したり、お話の情景を絵に描かせてみるなど、単に問題を解く以上の工夫をすれば想像力・集中力も高まるでしょう。

図形の問題では、「回転・展開」や「重ね図形」など多種多様な図形操作が求められる問題が頻出しています。よく目にするパターン化された問題だけでなく、応用力が必要な問題も多いので、ハウツーを覚えるのでなく、どうすればよいのかを考えながら答える練習も必要になってくるでしょう。

運動テストでは、最近の入試としては珍しく、さまざまな運動能力を試す課題が数多く出題されています。出来不出来に関係なく、難しい運動でも一生懸命挑戦すること、あきらめずにねばる姿勢を大切にしてください。指示の理解と実行も必須です。

面接試験は、２次考査当日に行われます。2021年度入試（2020年実施）では保護者のみの面接が行われました（志願者面接はなし）。ここでは当校の特徴（男子校・宗教教育・一貫教育）などについての質問が多いようですから、家庭内での意思の統一は事前に行っておいてください。強制はありませんが、ほとんどの家庭は両親ともに面接に臨みます。

〈2021年度選考〉

〈１次試験〉
- ◆ペーパーテスト（約30分）
- ◆運動テスト（約40分）

〈２次試験（１次試験合格者のみ）〉
- ◆保護者面接（２次試験当日に実施）
- ◆行動観察
- ◆制作
- ◆口頭試問　◆運動テスト（集団）

◇過去の応募状況

2021年度	男子	561名
2020年度	男子	547名
2019年度	男子	535名

入試のチェックポイント

◇受験番号は…「生年月日順」
◇生まれ月の考慮…「なし」

〈本書掲載分以外の過去問題〉

- ◆行動観察：大きなマットの上で自由に遊ぶ（２次／集団／20名）［2014年度］
- ◆行動観察（片付け）：学用品などを学校指定のショルダーバッグに入れる（２次／集団／５名）［2014年度］
- ◆行動観察：アニメーションを見て、クイズに答える（２次／集団／５名）［2013年度］
- ◆図形：左の図形を４つ使用してできない形に○をつける（１次）［2013年度］
- ◆数量（積み木）：積み方の異なる積み木で同じ数のものを数える（１次）［2013年度］

(得) 先輩ママたちの声！

◆実際に受験をされた方からのアドバイスです。
ぜひ参考にしてください。

暁星小学校

・ペーパーはスピード重視なので、スピードトレーニングはかなりやりました。イメージより難問は出ないので、瞬時に回答が出せると合格に近づけると思います。

・時間厳守とありましたが、他校受験のため３分遅刻してしまいました。
受験はできましたが、不合格でした。

・集団での行動観察はなく、消毒はマメに行われたようです。

・１次試験の控え室では、長椅子に詰めて座るので、ついお隣の方と話したくなりますが、折り紙やあやとりなどをやらせて集中力を保つようにしました。しーんとしているわけではないので、本を読んであげてもよいと思います。２次試験の受付は玄関ホールで、張り詰めた雰囲気でした。あまり早く行かない方がよいと思いました。

・すべてにおいてさすが暁星という感じで、試験の流れや時間、移動等とてもしっかりしていました。

・ペーパーテスト重視の学校ですが、最終的には応用力（状況に応じて考える、推理するなど）の有無が合否を分けるのではないかと思います。ペーパーテストは、毎日の積み重ねが大切ですが、机上の勉強だけでなく、ふだんの生活や遊びの中にも役立つことがたくさんあると思いました。

・勉強だけではなく、１人の人間として豊かな経験を積んだ幅のある子どもが選ばれていると思います。

・とにかくペーパーです。問題は簡単ですが、スピードと正確さが求められるので、最後の最後まで親子で継続して取り組むことが大切です。当日は本を持参したほうがよいと思います。

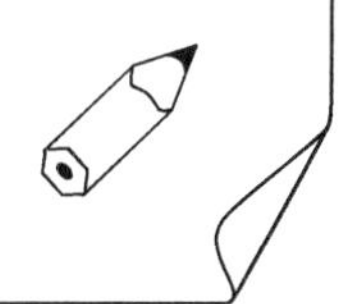

暁星小学校

過去問題集

〈はじめに〉

現在、少子化が叫ばれているにもかかわらず、私立・国立小学校の入学試験には一定の応募者があります。入試は、ただやみくもに学習するだけでは成果を得ることはできません。志望校の過去における出題傾向を研究・把握した上で、練習を進めていくこと、その上で試験までに志願者の不得意分野を克服していくことが必須条件です。そこで、本問題集は小学校を受験される方々に、志望校の出題傾向をより詳しく知って頂くために、過去に遡り出題頻度の高い問題を結集いたしました。最新のデータを含む精選された過去問題集で実力をお付けください。

また、志望校の選択には弊社発行の「**2022年度版　首都圏・東日本　国立・私立小学校　進学のてびき**」をぜひ参考になさってください。

〈本書ご使用方法〉

◆出題者は出題前に一度問題を通読し、出題内容などを把握した上で、〈 準　備 〉の欄に表記してあるものを用意してから始めてください。
◆お子さまに絵の頁を渡し、出題者が問題文を読む形式で出題してください。問題を読んだ後で、絵の頁を渡す問題もありますのでご注意ください。
◆「**分野**」は、問題の分野を表しています。弊社の問題集の分野に対応していますので、復習の際の目安にお役立てください。
◆一部の描画や工作、常識等の問題については、解答が省略されているものがあります。お子さまの答えが成り立つか、出題者が各自でご判断ください。
◆〈 時　間 〉につきましては、目安とお考えください。
◆［〇年度］は、問題の出題年度です。［2021年度］は、「2020年の秋から冬にかけて行われた2021年度志願者向けの考査の問題」という意味です。
◆**学習のポイント**は、指導の際にご参考にしてください。
◆**【おすすめ問題集】**は各問題の基礎力養成や実力アップにご使用ください。

〈本書ご使用にあたっての注意点〉

◆文中に**この問題の絵は縦に使用してください。**と記載してある問題の絵は縦にしてお使いください。
◆〈 準　備 〉の欄で、クレヨンと表記してある場合は12色程度のものを、画用紙と表記してある場合は白い画用紙をご用意ください。
◆文中に**この問題の絵はありません。**と記載してある問題には絵の頁がありませんので、ご注意ください。なお、問題の絵の右上にある番号が連番でなくても、中央下の頁番号が連番の場合は落丁ではありません。
下記一覧表の●が付いている問題は絵がありません。

問題1	問題2	問題3	問題4	問題5	問題6	問題7	問題8	問題9	問題10
								●	●
問題11	問題12	問題13	問題14	問題15	問題16	問題17	問題18	問題19	問題20
	●								
問題21	問題22	問題23	問題24	問題25	問題26	問題27	問題28	問題29	問題30
●	●	●		●					
問題31	問題32	問題33	問題34	問題35	問題36	問題37	問題38	問題39	問題40
		●	●						
問題41	問題42	問題43	問題44	問題45					
				●					

※問題を始める前に、本文1頁の「本書ご使用方法」「ご使用にあたっての注意点」をご覧ください。
※本校の考査は、クーピーペン（赤）を使用します。訂正の際は斜めの2本線（＝）をつけ、正しい解答に○をつけてください。また、ペーパーテストでは、教室備え付けのスピーカーを通して出題されます。

保護者の方は、別紙の「家庭学習ガイド」「合格のためのアドバイス」を先にお読みください。当校の対策および学習を進めていく上で、役立つ内容です。ぜひ、ご覧ください。

2021年度の最新問題

問題1　分野：お話の記憶

〈準備〉　クーピーペン（赤）

〈問題〉　ある晴れた日曜日の午後、太郎くんが家に帰ってきました。「ただいま」と言うと台所で料理をしているお母さんが「お帰りなさい」と言いました。太郎くんが台所に行くとお母さんは、冷蔵庫から冷たい麦茶を出してくれました。太郎くんはそれを飲んでいるとお母さんが「なんだか元気がないのね。大丈夫？野球の練習がうまく行かなかったの？」と聞きました。太郎くんは「うん。僕は体がまだ小さいから、うまくキャッチボールができないんだ」と言いました。「早く大きくなって、ボールをもっと遠くに投げれるようになりたいな」お母さんは少し困った顔になりましたが「すぐに遠くにボールが投げられるようになるわよ」と励ましてくれました。「そう言えばもうすぐ誕生日ね、お誕生日プレゼントは何がほしいの？」とお母さんが聞くと「新しいグローブがほしい。今のは少し小さいから」太郎くんは答えました。お母さんは太郎くんの手を見ながら「ずいぶん大きくなったのね。生まれた時はあんなに小さかったのに」と言いました。それからお母さんは太郎くんが生まれた時の話をしました。その時の天気が今日と同じようなに雲1つない青空だったこと。生まれた時に太郎くんが病院中に響くような大きな声で泣いたこと。お父さんが慌てて駆けつけた時に病室に飾ってあったこいのぼりが顔にかかって転んだこと。色々なことを話してくれました。そうしているとお父さんが帰って来ました。お父さんが「ただいま」と言うと、太郎くんは「おとうさん、暗くなる前にキャッチボールをしようよ」と元気な声で言いました。

①太郎くん生まれた時の季節はいつですか。同じ季節の絵に○をつけてください。
②太郎くんが生まれた時の天気はどうでしたか。正しいものに○をつけてください。
③太郎くんが帰ってきた時の顔に○、お父さんとキャッチボールしようとした時の顔に△をつけてください。
④お父さんがころんだのはどこですか。その建物に○をつけてください。

〈時間〉　各30秒

問題2　分野：見る記憶

〈準　備〉　クーピーペン（赤）

〈問　題〉　（問題２－２の絵は伏せておき、２－１の絵を見せる）
この絵をよく見て覚えてください。
（20秒見せてから２－１の絵を伏せ、２－２の絵を見せる）
①動物は何匹いましたか。その数だけ○を書いてください。
②絵に描かれていなかった動物に○をつけてください。
③絵に描かれていなかった楽器はどれですか。○をつけてください。
④絵に描かれていなかった帽子に○をつけてください。

〈時　間〉　各15秒

問題3　分野：図形（点・線図形）

〈準　備〉　クーピーペン（赤）

〈問　題〉　**この問題は絵は縦にして使ってください。**
（問題３の絵を渡して）
左の四角の形と同じになるように真ん中の四角の点を線でつないでください。
失敗した時は右の四角にもう１度書いてください。

〈時　間〉　５分

問題4　分野：言語

〈準　備〉　クーピーペン（赤）

〈問　題〉　①名前の中に生きものが入っているものを選んで○をつけてください。
②描いてあるものでしりとりをした時、使わないものに○をつけてください。

〈時　間〉　①30秒　②２分

問題5　分野：常識（理科）

〈準　備〉　クーピーペン（赤）

〈問　題〉　野菜やくだものがたくさん描かれています。同じものを線で結んでください。

〈時　間〉　１分

問題6　分野：常識（季節・生活）

〈準備〉　クーピーペン（赤）

〈問題〉　①秋に咲く花に○をつけてください。
②同じ季節のもの同士を線で結んでください。
③1番速い乗りものに○をつけてください。

〈時間〉　1分

問題7　分野：複合（推理・数量）

〈準備〉　クーピーペン（赤）

〈問題〉　①タヌキがリンゴを5個拾って帰る道を線でなぞってください。同じ道は2回通れません。また5個より多くても少なくてもいけません。
②サルがクリを7個拾って帰る道を線でなぞってください。同じ道は2回通れません。また7個より多くても少なくてもいけません。
③④左端の四角と同じ数のものを右の四角から選んで○をつけてください。

〈時間〉　各1分

問題8　分野：運動

〈準備〉　ドッジボール、コーン、フープ
※この問題は4つのグループに分かれて行う。

〈問題〉　**この問題は絵を参考にしてください。**
①（ドッジボールを渡し）ボールを大きく上に投げて落ちてくる間に3回手を叩きます。そのボールをキャッチして壁に向かって遠投します。
②（2人1組で行う）かけっこの競争をします。「よーいドン」と言ったら、走ってコーンまで行き、コーンを回って帰ってきてください。
③（2人1組で行う）ボールつきの競争をします。「よーいドン」と言ったら、ボールをドリブルしながら、コーンの間をジグザグに通り、いちばん向こうのコーンを回って帰ってきてください。帰りも、ドリブルでコーンの間をジグザグに通ります。できるだけ速く行って、帰ってきてください。
④（1人で行う）向こうに置いてあるコーンまで、ケンケンで進んでください。コーンまで行ったら、今度はフープが並んでいるところまでかけ足でいってください。次に、並んだフープの中を両足とびでジグザグに進んでください。タイムを計ります。

〈時間〉　適宜

家庭学習のコツ①　「先輩ママのアドバイス」を読みましょう！

本書冒頭の「先輩ママのアドバイス」には、実際に試験を経験された方の貴重なお話が掲載されています。対策学習への取り組み方だけでなく、試験場の雰囲気や会場での過ごし方、お子さまの健康管理、家庭学習の方法など、さまざまなことがらについてのアドバイスもあります。先輩ママの体験談、アドバイスに学び、ステップアップを図りましょう！

問題9　分野：面接（保護者面接）

〈準備〉　面接官は1名、他に筆記担当者が1名。

〈問題〉　**この問題の絵はありません。**

【両親に対して】
・宗教（カトリック）教育を受けるにあたって問題はありませんか。
【母親に対して】
・志望動機を述べてください。
・男子の学校なので「何かをされたらやり返せ」と誰かに言われるかもしれません。親としてはこの意見に対してどのように思いますか。
・当校が男子校であることに関してどのように思われますか。
・子育てをする上でどのように役割分担をされていますか。

【父親に対して】
・コロナ禍の環境のもとでも大切にしていることは何ですか。
・お子さまが学校でほかの児童に怪我をさせてしまった時、どのように対応しますか。
・当校には「指導が厳しい」と評判がありますが、どのように思われますか。
・ご夫婦で教育方針が違った時、どのようにしますか。
・お子さまの長所をおしえてください。
・本校に期待することは何ですか。
・他校と比べて何が違うと思いますか。

〈時間〉　5分程度

問題10　分野：行動観察

〈準備〉　ドミノ（適宜）、折り紙（適宜）

〈問題〉　**この問題の絵はありません。**
①（ドミノを渡して）できるだけ高く積み上げてください
②（折り紙を渡して）紙飛行機を折ってください。
※②は折り方の説明がモニターで流される中で行う。

〈時間〉　10分程度

問題11　分野：複合（制作・行動観察）

〈準備〉　画用紙、ハサミ、セロハンテープ、クレヨン

〈問題〉　今から公園を作ってもらいます（問題11の絵を渡して）。
①黒で塗られた四角を枠線で切り取り右上の絵のように折る。
②画用紙にセロハンテープで①で作ったものを貼る。
③貼ったものの周りに絵（遊具など）を描く。
④お友だちに自分の作ったものの工夫した点を説明してください。
⑤（ほかの志願者に）紹介されたものに100点満点で、点数をつけてください（ほかの志願者を指名する）。

〈時間〉　5分程度

問題12　分野：保護者作文

〈準 備〉　筆記用具、記入用紙

〈問 題〉　**この問題は保護者へのアンケートです。問題の絵はありません。**
（アンケート用紙は500字の原稿用紙で出願時に提出する）
①志望動機をお書きください（500字以内）。
②メールやＬＩＮＥ等のＳＮＳによる保護者間の交流について、どのようなメリット・デメリットがあるとお考えですか（500字以内）。

家庭学習のコツ①　「先輩ママのアドバイス」を読みましょう！

本書冒頭の「先輩ママのアドバイス」には、実際に試験を経験された方の貴重なお話が掲載されています。対策学習への取り組み方だけでなく、試験場の雰囲気や会場での過ごし方、お子さまの健康管理、家庭学習の方法など、さまざまなことがらについてのアドバイスもあります。先輩ママの体験談、アドバイスに学び、ステップアップを図りましょう！

問題 1

①

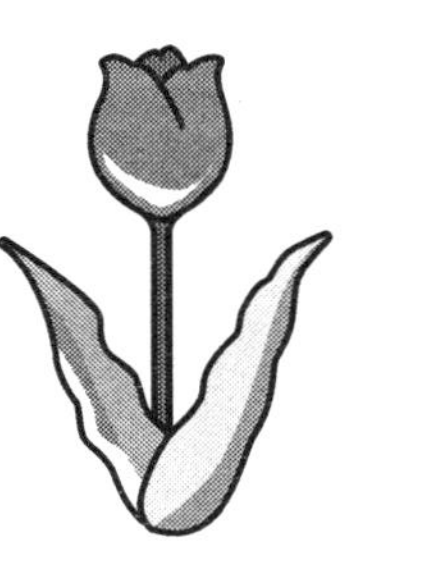

②

③

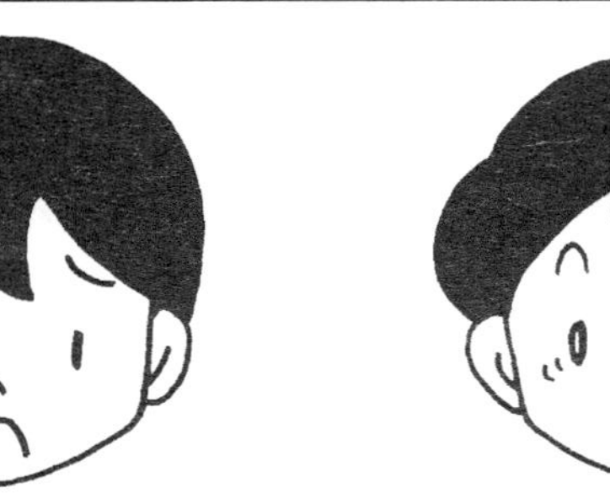
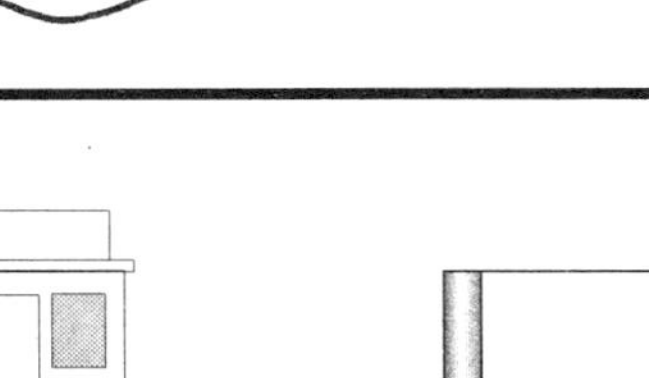

④

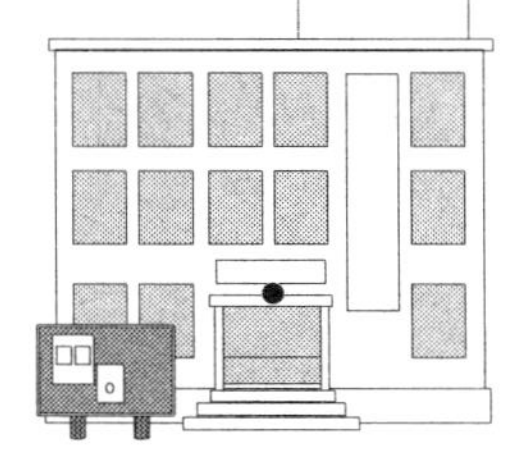
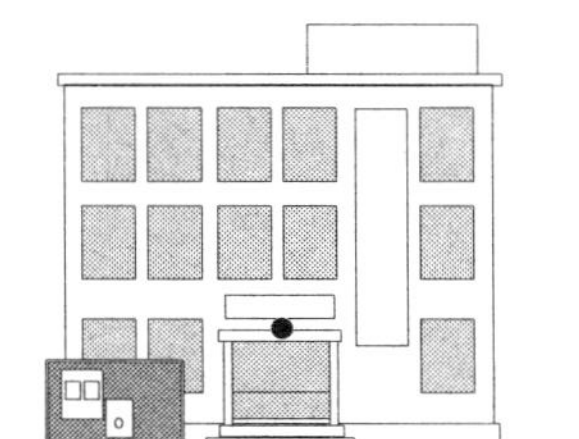
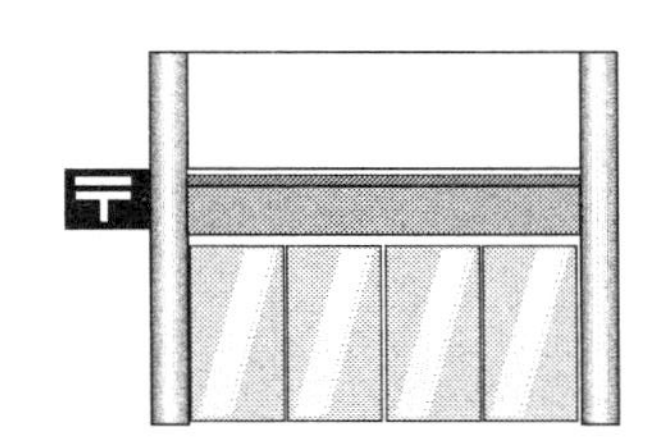

問題2－1

問題2－2

①

②

③

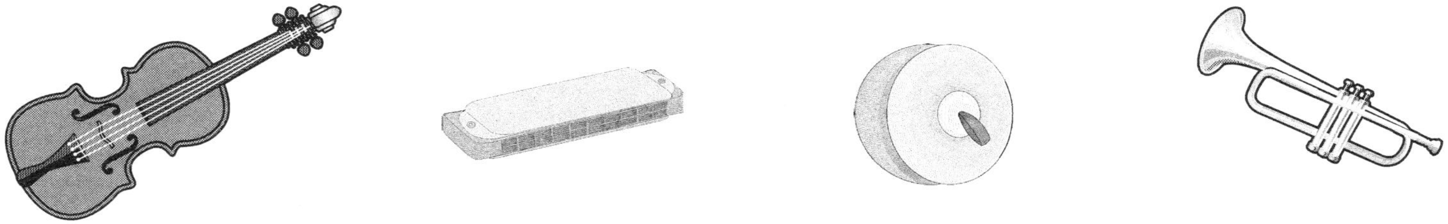

④

問題3

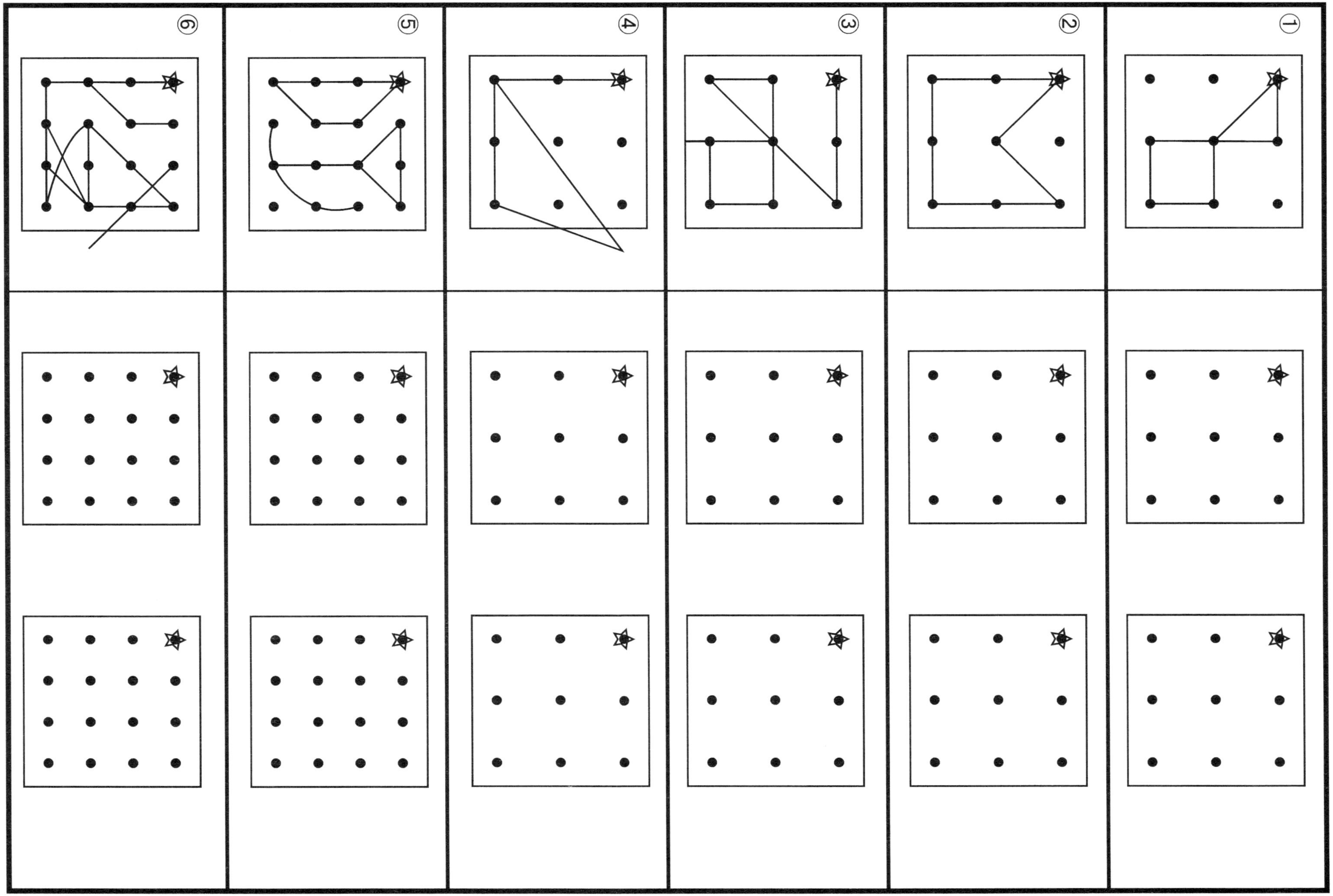

①

②

③

④

⑤

⑥

問題4

①

②

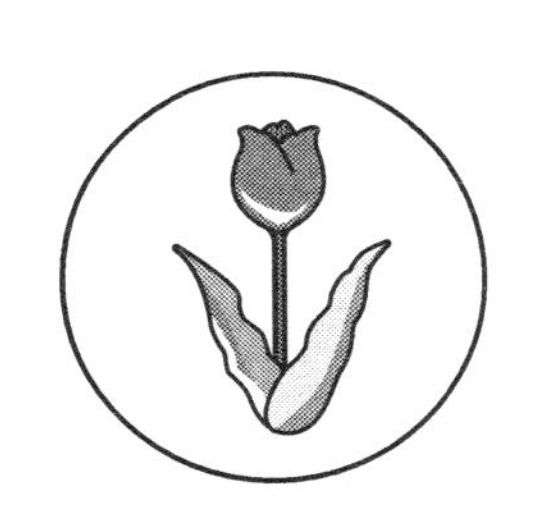

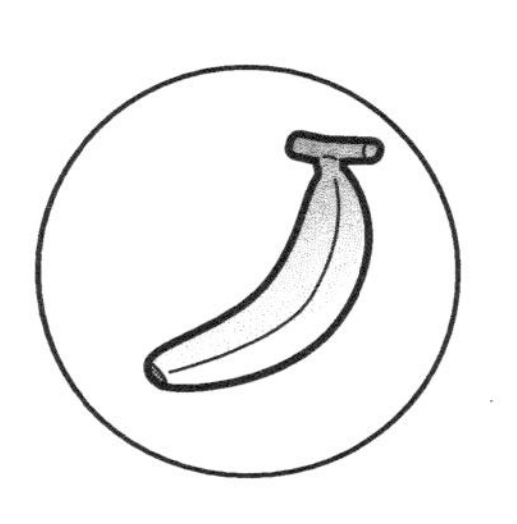
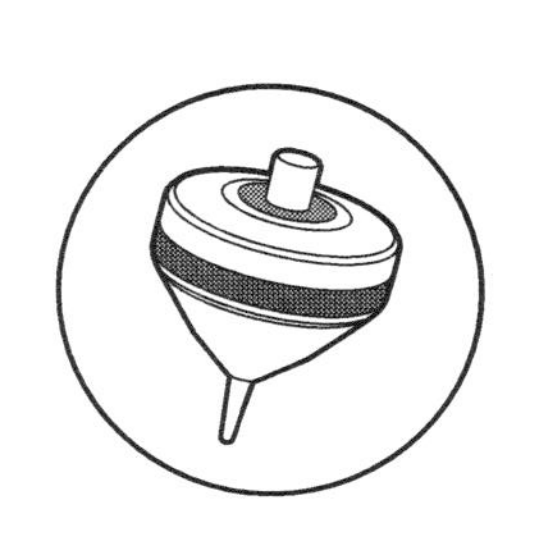

問題5

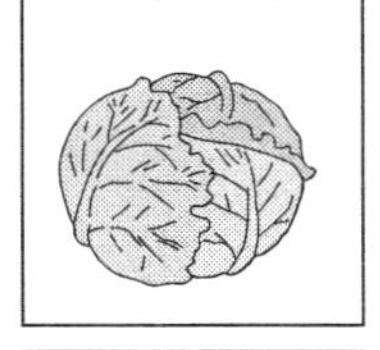
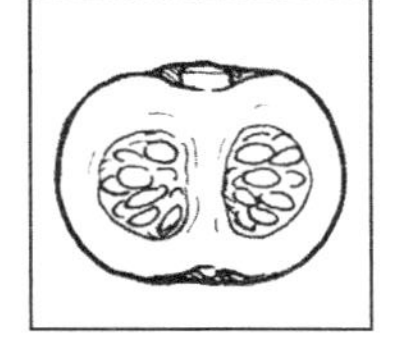
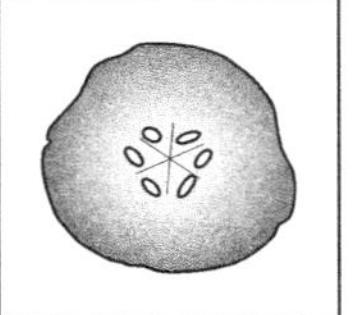
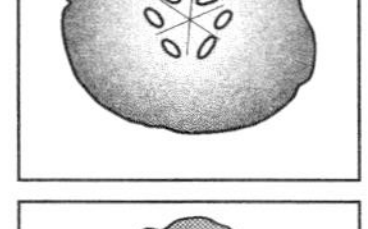

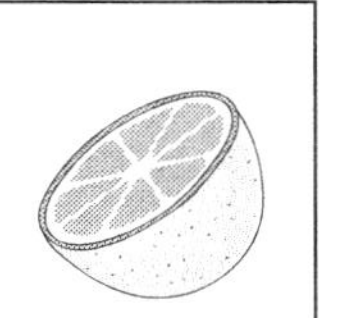
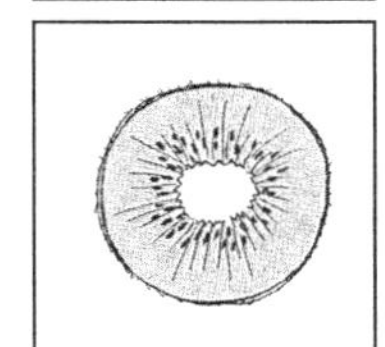
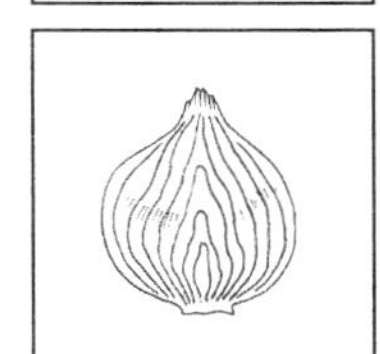

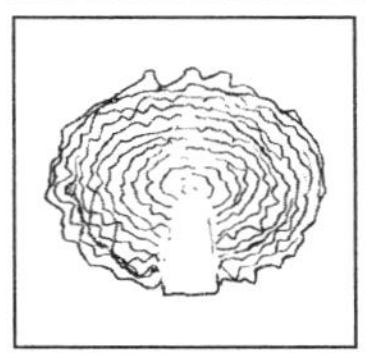

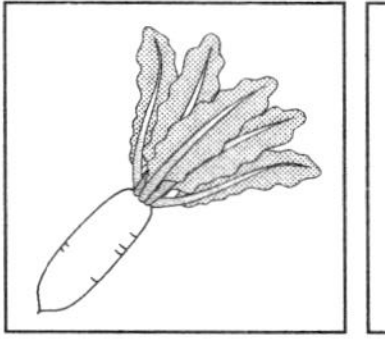
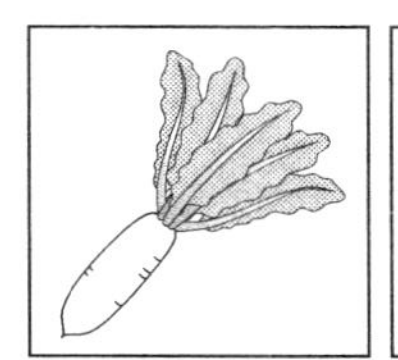

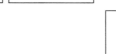

問題6

問題7

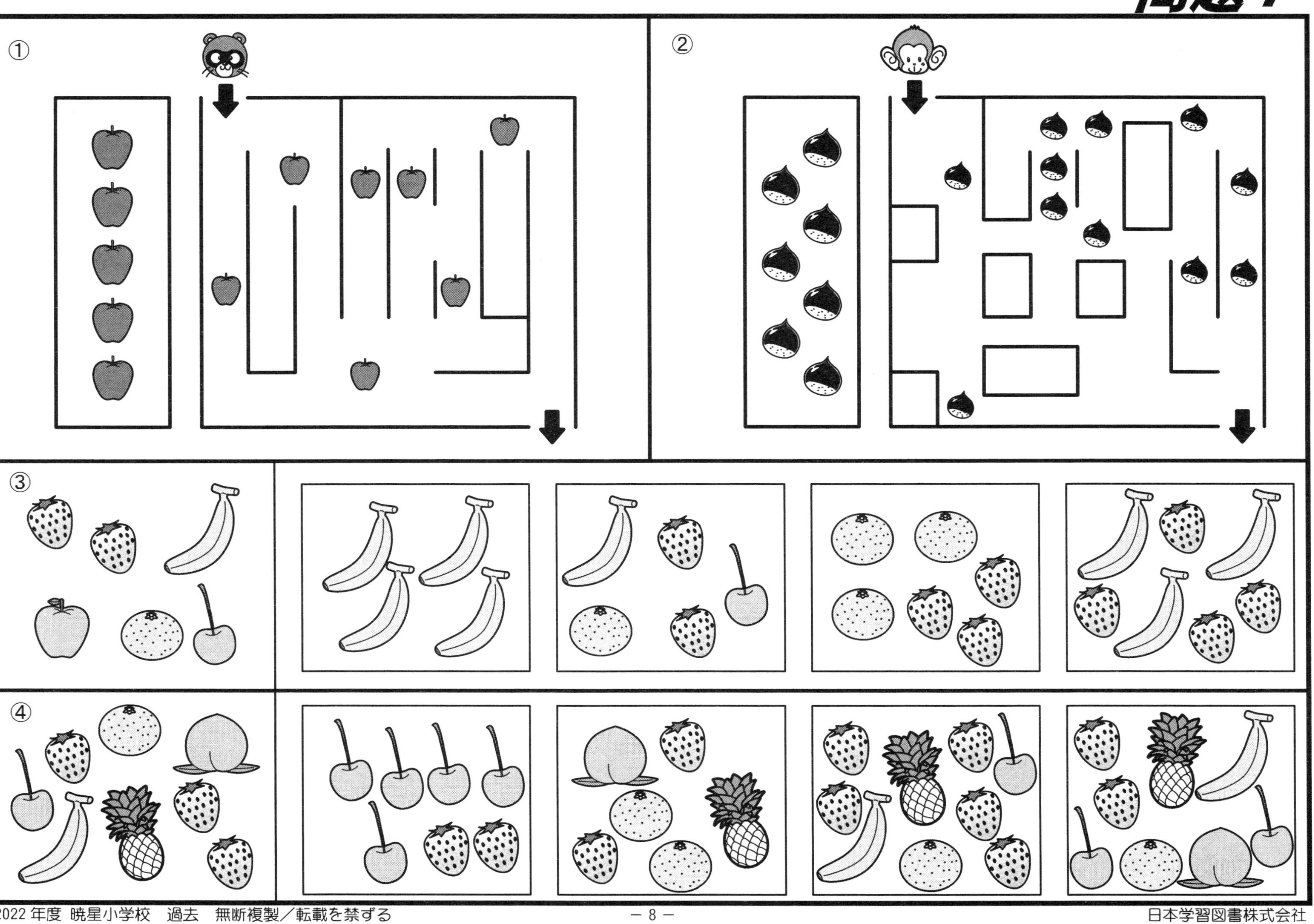

問題8

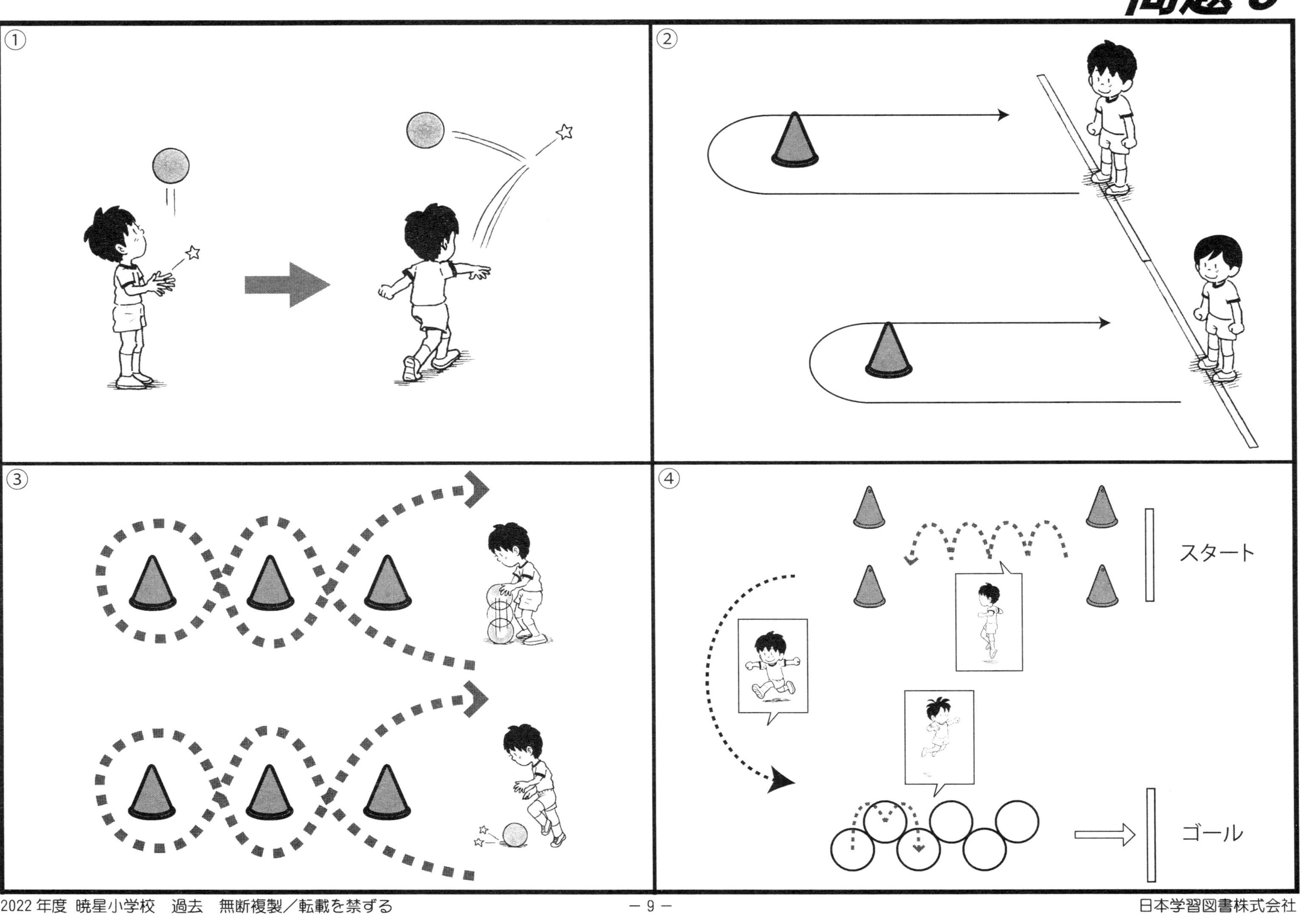

問題１１

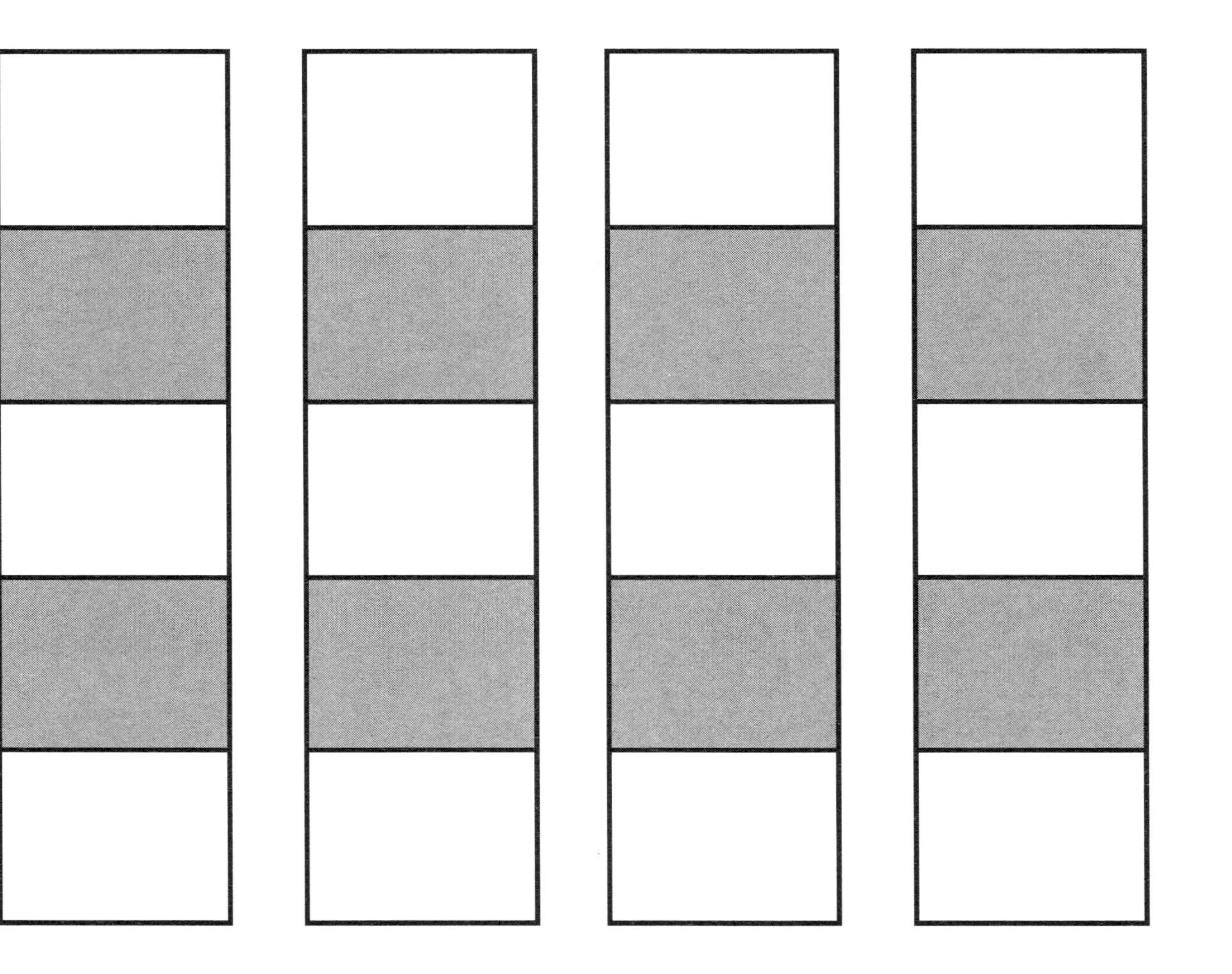

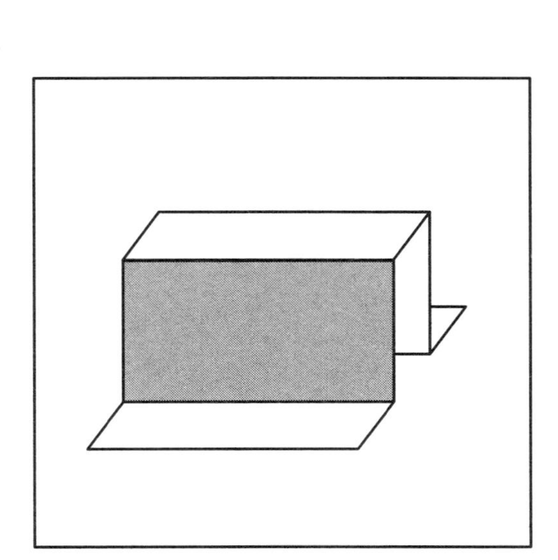

右の形を枠線で切り取り、
上図のように折り、画用紙に
セロハンテープで貼る。

2021年度入試
解答例・学習アドバイス

解答例では、制作・巧緻性・行動観察・運動といった分野の問題の答えは省略されています。こうした問題では、各問のアドバイスを参照し、保護者の方がお子さまの答えを判断してください。

問題1　分野：記憶（お話の記憶）

〈解答〉　①左から2番目（チューリップ）　②左端（晴れ）
③○：左端　△：右から2番目　④右から2番目（病院）

当校のお話の記憶の問題は、登場人物は男の子とその家族という身近なお話から出題されることが多く、イメージしやすいので内容も記憶しやすいように思えるのですが、このお話のように回想シーンがあったり、質問で常識に関するものがあったりと、解いてみると意外に難しいということが多いようです。対処としては、お話のポイントを「誰が」「いつ」「なにを」「どのように」といった事実ごとに整理しながら覚えていくこと、年齢相応の常識、特に季節に関する常識を備えておくことでしょう。お話を聞くことに関しては類題を数多く解くこと、常識を備えるには日常生活で得る知識に加えて、分野別問題集など、そのための問題に数多くあたることが重要です。

【おすすめ問題集】
1話5分の読み聞かせお話集①・②、1話7分の読み聞かせお話集入試実践編①
お話の記憶 初級編・中級編・上級編、Jr・ウォッチャー19「お話の記憶」、34「季節」

問題2　分野：見る記憶

〈解答〉　①○：10　②左端（キリン）　③左から２番目（ハーモニカ）
④右端

当校では「見る記憶」の問題が例年出題され、覚えるのものの数が多いだけでなく、その順序（順番）や位置などまで出題されることがあります。今回の特徴は「絵になかったものを選ぶ」という出題です。よく考えるとこれはかなり難しい問題でしょう。「なかったものを選ぶ」にはあったものをすべて覚える必要がある。つまり、完全に記憶していないと答えられないのです。一瞬で写真を撮るように記憶できればよいのですが、たいていのお子さまはそんなことはできませんから、確実に１つひとつを覚えるしかありません。少しでも楽に覚えるための工夫をしましょう。例えば、「赤い帽子を被ってピアノを弾くカンガルー」なら、最初の１音を取って「あ・ピ・カ」と覚えるといった工夫です。もちろんこれは一例で、お子さまそれぞれにあった方法を保護者の方が考えてください。

【おすすめ問題集】
Ｊｒ・ウォッチャー20「見る記憶・聴く記憶」

問題3　分野：図形（点・線図形）

〈解答〉　省略

見本の通り図形を描く、線を引くという課題は当校ではあまり出題されないのですが、今年は当校らしい工夫をされた上で出題されています。欄外に線を引いたり、比較的長い直線や曲線を引くといったことはほかの学校の入試では見られません。もちろん、解答として滑らかで美しい線を引いた方がよいのですが、必要以上にこだわる必要はないでしょう。ここでは、まずは手本に忠実に線を引くことを第一に考えてください。それには見本をよく観察するのはもちろんですが、筆記用具を正しく使うことを意識することです。鉛筆は正しく握っていないと筆圧が強くなって線が太くなったり、滑らかに線が引けなくなります。それが疑われるような線を引くと、指示を理解していてもよい評価はされないかもしれません。なお、線の始点と終点を視界に入れてペン先を動かすようにすると、思い通りのものに近い線が引けるようになります。一度試してみてください。

【おすすめ問題集】
Ｊｒ・ウォッチャー１「点・線図形」、51「運筆①」、52「運筆②」

問題4　分野：言語（言葉の音・しりとり）

〈解答〉　①○：冷蔵庫（ゾウ）、アジサイ（サイ）、トラック（トラ）
②○：チューリップ
（しりとりはネコ→コマ→マツボックリ→リス→スイカ→カバ→バナナ）

言語は頻出分野ですが当校にしてはそれほど難しい問題は出ないので、基礎をしっかり学習しておけば確実に得点できる問題が多いと言えます。ここでは言葉の音としりとりについて出題されています。①の動物（の音）が隠れている言葉というのは最近時折見かける問題です。一応頭に入れておきましょう。②のしりとりは自分でしりとりを作らないといけないので、慣れていないと難しいかもしれません。特にスマートな考え方というものはないので、最後に「ん」の言葉を除いて、ほかの言葉を並べていき、しりとりになる組み合わせを探す、ということになります。

【おすすめ問題集】
Ｊｒ・ウォッチャー49「しりとり」、60「言葉の音（おん）」

問題5　分野：常識（理科）

〈解答〉　下図参照

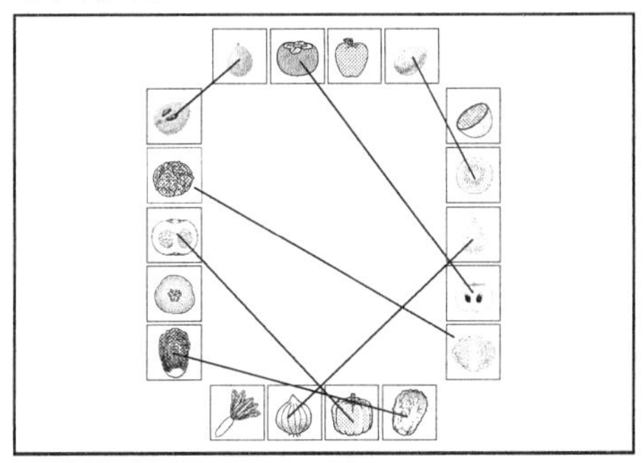

内容はシンプルな問題ですが、選択肢の数が多いので複雑に見える問題です。このように、野菜やくだものの外見と断面図を結ぶという問題が小学校受験では時折出題されます。知識がないと解けない問題なので事前の学習が必要でしょう。その知識をつける手段として、図鑑やWebを活用するのも手ですが、なるべく実物を見せるようにしましょう。その方がお子さまの記憶に残ります。当校の問題らしく、どの選択肢とも線でつながらないダミーの選択肢があるなど、一筋縄では答えられないという点に注意です。

【おすすめ問題集】
Ｊｒ・ウォッチャー27「理科」、55「理科②」

問題6　分野：常識（季節・生活）

〈解 答〉 下図参照

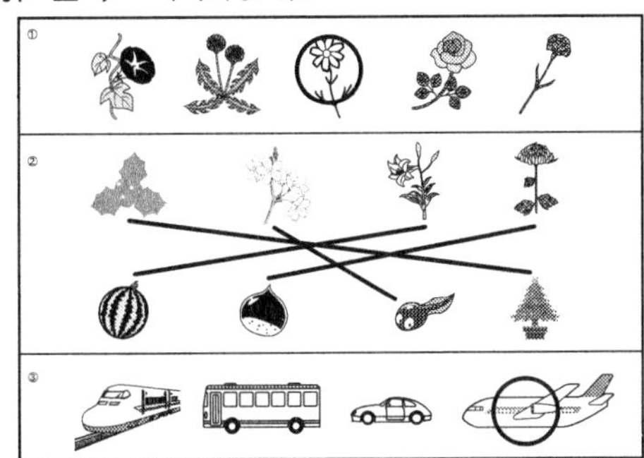

この問題のように常識分野、特に季節の問題は頻出するので、注意しておきましょう。お話の中に登場するのとは違い、こういった問題は知識があれば答えられるので、体験することで知識を蓄えてください。逆に言えば推測ではなかなか答えにくい問題なので、地道な学習以外にこれといった対策はありません。当校の入試問題に限らず、小学校受験でよく出題されるものについては知っておくようにしましょう。最近では見かけなくなった道具、家電といったもの（ぞうきん・ほうき・こたつなど）、経験しにくい季節の行事などには特に注意が必要です。

【おすすめ問題集】

Ｊｒ・ウォッチャー11「いろいろな仲間」、34「季節」

問題7　分野：複合（推理・数量）

〈解 答 例〉 下図参照

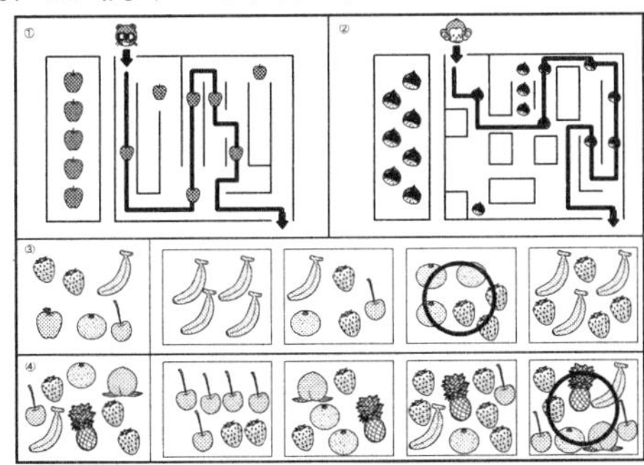

①②は条件迷路の問題です。コツは当たり前のことですが、条件をよく把握することです。ここでは「リンゴをピッタリ５個拾う」という条件を意識しながら出口への道を探すということになります。出口から考えるというハウツーもありますが、単に出口を探す問題ではないので、大して時間の節約になりません。なお①②の解答は例の１つです。ほかの答えでも条件を満たしていれば正解としてください。③④は数の構成の問題です。ここでは１つひとつの四角にいくつのもの描いてあるかを計算してもよいのですが、それだと解答時間をオーバーしてしまうかもしれません。10以下のものならいくつあるかがわかる程度の感覚を身に付けておいた方がスムーズに答えられるでしょう。

【おすすめ問題集】

Ｊｒ・ウォッチャー７「迷路」、41「数の構成」

問題8　分野：運動

運動の課題です。２次試験で行われるこの課題、１次試験を合格した志願者のみで行われます。つまり、優れた運動能力を持つ志願者を探すというよりは、学力や将来性を持っていると思われる志願者が、年齢なりの体力や運動能力を持っているかを確認するためのもの、ということになるでしょう。あまりにも平均より劣っていれば何らかのマイナスになるでしょうが、お子さまにコーンの間を抜けるドリブルができないからといって、それほど心配することはありません。それよりは指示の理解と実行という基本を意識するようにしましょう。試験前に声掛けするならそういったことを話してください。

【おすすめ問題集】
新運動テスト問題集、Ｊｒ・ウォッチャー28「運動」

問題9　分野：面接（保護者面接）

面接の内容はほぼ昨年通りでしたが、コロナ関連の質問が加えられていました。宗教教育、男子校ならではの質問が必ずありますから、どのように答えるかを試験前にはまとめておきましょう。ほかには、家庭の教育方針、お子さまの得意科目、好き嫌いなどが父親・母親、それぞれにふりわけて質問があります。どちらにどのような質問があるかはケースバイケースですが、父親にはお子さまに性格・生活ついて、母親には学校と家庭の教育方針の整合性など、それぞれに答えにくい質問が多いような印象を受けます。こちらもどのように答えるかを考えておきましょう。全体としては家庭の教育方針と当校の相性を測る面接と言えるでしょう。合格を目指すならその点にも配慮したいところです。

【おすすめ図書】
新・小学校面接Ｑ＆Ａ、入試面接最強マニュアル

問題10　分野：制作

制作は例年行われるような大人数のものはなく、個人で行う作業が課題になりました。月齢によって出題される内容が違ったようです。内容は特に難しいものではありません。この内容であれば大きな差は付かないと思われるので、やはり指示の理解と実行を徹底してください。これも２次試験で行われるものですから、創造力や器用さは年齢なりものがあれば充分です。積極的なのはよいことですが、印象に残ろうとして目立とうとせず、ふだんの行動をとるといった意識で臨みましょう。

【おすすめ問題集】
実践 ゆびさきトレーニング①②③

問題11　分野：複合（制作・行動観察）

前述したように集団での行動観察はなかったのですが、個人で行う制作ほかにも行われています。この課題の内容もほかと同じく基本的な「切る・貼る・塗る（描く）」といったものです。特に難しい作業はありません。この課題を取り上げたのは、問題を読んでいただけばわかるようにほかの制作にはない、「工夫した点を述べ、それに対する感想をもらう」というやり取りがあるからです。当校入試では志願者に対する面接や口頭試問もないので、志願者本人が何か言う機会というのはほとんどありません。それだけに、この行動観察は注目されたのではないでしょうか。もちろん、何か変わったことをするべきではなく、ほかの志願者わかるように自分の制作意図が言い、積極的に意見が言えれば内容は立派なのものでなくとも構いません。

【おすすめ問題集】
実践 ゆびさきトレーニング①②③ 、Ｊｒ・ウォッチャー23「切る・貼る・塗る」

問題12　分野：保護者作文

保護者作文は出願時に提出します。テーマが２つありますが、父・母が１つずつ書くと指定されています（どちらか１人の場合は２つとも書く）。出願時に提出するので、特に時間制限があるわけではなく、それほど難しいテーマではないので、時間をかければそれなりの文章は書けるのでしょう。当校では保護者面接が行われているので、作文が不要のようにも感じますが、時代の流れなかで保護者の考え方も多様になり、面接だけでは充分ではないということが１つ。もう１つはこの状況下でも増加した志願者それぞれの入学意欲を測ろうということでしょう。実際に書く文章は日本語の作文としておかしなところがなく、常識なものであれば問題になることはありません。

【おすすめ問題集】
新 小学校受験 願書・アンケート・作文文例集500

暁星小学校　専用注文書

年　　月　　日

合格のための問題集ベスト・セレクション

＊入試頻出分野ベスト３

1st　お話の記憶
集中力　聞く力

2nd　図　形
観察力　思考力

3rd　推　理
聞く力　話す力　創造力

数年前よりはやさしくなったとは言え、有数の難しさを誇るペーパーテストが行われています。出題分野だけでなく、そのほかの分野も学習して応用力と解答の精度を上げていきましょう。

分野	書　名	価格(税込)	注文	分野	書　名	価格(税込)	注文
図形	Ｊｒ・ウォッチャー３「パズル」	1,650円	冊	行動観察	Ｊｒ・ウォッチャー29「行動観察」	1,650円	冊
図形	Ｊｒ・ウォッチャー５「回転・展開」	1,650円	冊	常識	Ｊｒ・ウォッチャー30「生活習慣」	1,650円	冊
図形	Ｊｒ・ウォッチャー７「迷路」	1,650円	冊	常識	Ｊｒ・ウォッチャー34「季節」	1,650円	冊
図形	Ｊｒ・ウォッチャー８「対称」	1,650円	冊	図形	Ｊｒ・ウォッチャー35「重ね図形」	1,650円	冊
常識	Ｊｒ・ウォッチャー12「日常生活」	1,650円	冊	数量	Ｊｒ・ウォッチャー41「数の構成」	1,650円	冊
数量	Ｊｒ・ウォッチャー14「数える」	1,650円	冊	図形	Ｊｒ・ウォッチャー45「図形分割」	1,650円	冊
言語	Ｊｒ・ウォッチャー17「言葉の音遊び」	1,650円	冊	図形	Ｊｒ・ウォッチャー48「鏡図形」	1,650円	冊
言語	Ｊｒ・ウォッチャー18「いろいろな言葉」	1,650円	冊	図形	Ｊｒ・ウォッチャー54「図形の構成」	1,650円	冊
記憶	Ｊｒ・ウォッチャー19「お話の記憶」	1,650円	冊	常識	Ｊｒ・ウォッチャー55「理科②」	1,650円	冊
記憶	Ｊｒ・ウォッチャー20「見る記憶・聴く記憶」	1,650円	冊	常識	Ｊｒ・ウォッチャー56「マナーとルール」	1,650円	冊
巧緻性	Ｊｒ・ウォッチャー23「切る・貼る・塗る」	1,650円	冊	推理	Ｊｒ・ウォッチャー59「欠所補完」	1,650円	冊
巧緻性	Ｊｒ・ウォッチャー25「生活巧緻性」	1,650円	冊		実践 ゆびさきトレーニング①②③	2,750円	冊
常識	Ｊｒ・ウォッチャー27「理科」	1,650円	冊		面接テスト問題集	2,200円	冊
運動	Ｊｒ・ウォッチャー28「運動」	1,650円	冊		１話５分の読み聞かせお話集①②	1,980円	冊

合計	冊	円

（フリガナ） 氏　名	電　話 ＦＡＸ E-mail
住 所　〒　　　－	以前にご注文されたことはございますか。 有　・　無

★お近くの書店、または記載の電話・FAX・ホームページにてご注文をお受けしております。
電話：03-5261-8951　FAX：03-5261-8953　代金は書籍合計金額＋送料がかかります。
※なお、落丁・乱丁以外の理由による商品の返品・交換には応じかねます。
★ご記入頂いた個人に関する情報は、当社にて厳重に管理致します。なお、ご購入の商品発送の他に、当社発行の書籍案内、書籍に関する調査に使用させて頂く場合がございますので、予めご了承ください。

日本学習図書株式会社
http://www.nichigaku.jp

問題13　分野：お話の記憶

〈準備〉　クーピーペン（赤）

〈問題〉　ウサギのピョン太がお散歩に出かけました。空を見上げるとツバメが飛ぶ練習をしています。少し行くとハチがいました。ハチがアゲハチョウの幼虫に卵を産みつけるために針を刺そうとしていたので、ピョン太は手で追い払いました。少し行くと川が流れていました。橋はありませんが、石が並んでいます。ピョン太は「川・石・川・石」とつぶやきながら、ぴょんぴょん跳んで川を渡っていきましたが、向こう岸についた途端、転んでしまいました。「イテテテ」とピョン太は言いながら、ふと近くの木を見るとカブトムシがいました。「カブトムシだ！」立ち上がって捕まえようとすると、カブトムシはブーンと音を立てて飛んで行きます。それを追いかけて行くといつの間にか暗い森に入りました。「これは入ったら絶対に出られないという『暗闇の森』？」ピョン太は慌てて元に戻ろうとしましたが、暗くて道がわかりません。ピョン太はどうしてよいかわからなくなり、その場で泣き出してしまいました。泣いていると、遠くからぼうっと光る小さなものが近づいてきました。アゲハチョウです。アゲハチョウはピョン太の目の前でヒラヒラと回った後、ゆっくりと今度は離れて行きます。「待って！」とピョン太はその後を必死に着いていきます。しばらくすると森の出口が見えました。「出口だ。出口だ」ピョン太はよろこんでぴょんぴょんと跳ねました。ピョン太はお礼を言おうとしましたが、アゲハチョウはいつの間にかいなくなっていました。

①ピョン太が散歩に出かけて最初に見た生きものに○をつけてください。
②ピョン太が渡った川に○をつけてください。
③アゲハチョウの幼虫に○をつけてください。
④このお話の季節はいつですか。同じ季節の絵に○をつけてください。。

〈時間〉　各20秒

〈解答〉　下図参照

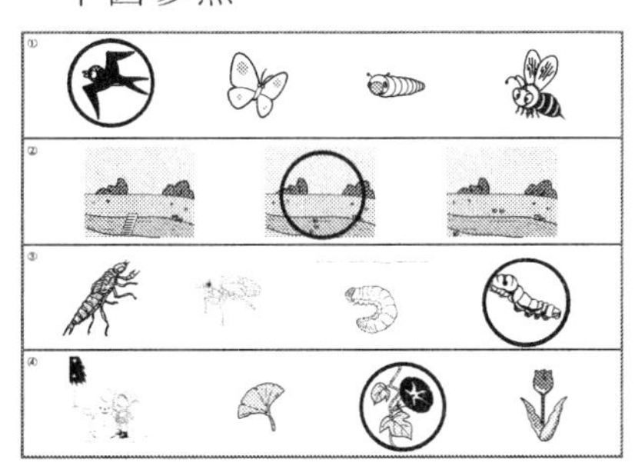

［2020年度出題］

学習のポイント

例年よりはお話も短く、展開も単純なので記憶しやすい問題でしょう。入試全体の傾向として、当校らしい難問が減っていますが、お話の記憶分野の問題も例外ではないようです。この程度の内容なら、当校を志望するお子さまは簡単に答えてしまうかもしれませんが、油断は禁物です。簡単な問題ということは、ほかの志願者も間違えませんから、取りこぼしができない問題なのです。基本的なことですが、お話の場面をイメージしながら、「～が～個あった」「誰が～した」といった細かい点を押さえるようにしてください。情報を整理しながら記憶することで、答えの精度も上がっていきます。なお、③④はお話の流れとは直接関係ない常識に関する問題です。特に、④のお話の季節を聞く問題はよく出題されるので注意しておきましょう。ここではカブトムシがいるので「夏」が舞台のお話ということになります。動植物は名称だけなく、「どの季節のものか」という知識も同時に覚えるようにしてください。

【おすすめ問題集】

１話５分の読み聞かせお話集①・②、１話７分の読み聞かせお話集 入試実践編①、お話の記憶 初級編・中級編・上級編、Ｊｒ・ウォッチャー19「お話の記憶」、34「季節」

問題14　分野：見る記憶

〈準備〉　クーピーペン（赤）

〈問題〉　（問題14-２の絵は伏せておき、14-１の絵を見せる）
この絵をよく見て覚えてください。
（20秒見せてから14-１の絵を伏せ、14-２の絵を見せる）
①ボールを使って運動をしていた人は何人いましたか。その数だけリンゴに○をつけてください。
②手を挙げていた人は何人いましたか。その数だけリンゴに○をつけてください。
③絵にあった帽子はどれですか。同じものに○をつけてください。
④絵の中になかったボールに○をつけてください。

〈時間〉　各15秒

〈解答〉　①○：５　②○：３　③左端　④左から２番目

［2020年度出題］

当校では「見る記憶」の問題が例年出題されています。もちろん、覚える対象・イラストは年度によって異なるのですが、「10個程度のものを覚える」という点は共通しています。ここ数年の傾向は、「（対象が）どのような特徴を持っていたか・何だったかを問われる」ことです。①②などはその典型でしょう。慣れてくれば絵を一目見た時に、自然と出題されそうなポイントに目が行き、その数も正確に記憶もできるのですが、最初はそんなことはできません。慣れるまでは「共通点とその数」を意識して観察しましょう。この問題なら「女の子が～人」「帽子をかぶっている人が～人」「手を挙げている人が～人」といったパターンです。ただ眺めているよりは記憶に残りやすいでしょうし、数を聞かれた時には正確に答えることができます。もちろん、覚えたことが出題されないことも多いので、なるべく多くの共通点を見つけ出しておきましょう。

【おすすめ問題集】
Ｊｒ・ウォッチャー20「見る記憶・聴く記憶」

問題15　分野：図形（図形の展開・構成）

〈準備〉　クーピーペン（赤）

〈問題〉　（問題15の絵を渡して）
上の段を見てください。右の四角に白・黒、２枚の紙とハサミが描いてあります。それぞれの紙をハサミの数と同じ回数だけ切って、作れる形はどれですか。右の四角から選んで、○をつけてください。下の段も同じように答えてください。

〈時間〉　各１分

〈解答〉　下図参照

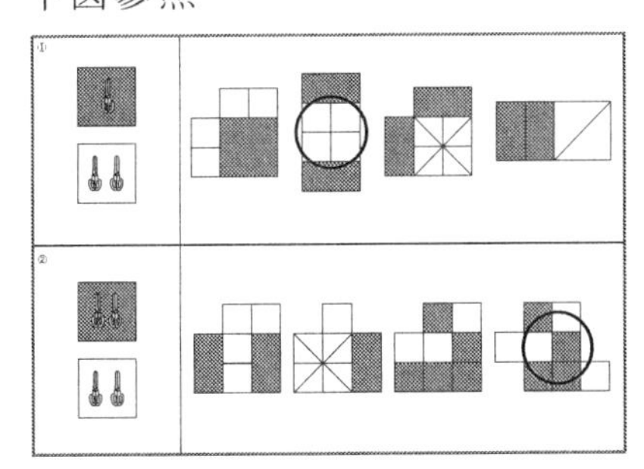

［2020年度出題］

学習のポイント

図形の分割と構成の複合問題です。具体的な解き方は、①左にある白・黒2つの四角形を指定された回数切ったものが、右の選択肢にあるかをチェックします。例えば、「ハサミで1回切るように指示があるのに、1回も切っていない形のある選択肢」があれば、その選択肢を消すことができます。ないはずのものがある、というパターンです。②残った選択肢の中で図形を構成した時、矛盾がないかをチェックする。例えば、正方形を2つに切ったはずの図形が1つしか使われていない場合。こちらはあるべきものがない、というパターンです。この①②のチェックをすれば答えはわかりますが、このアドバイスを覚えて実践してもあまり意味はありません。ハウツーを覚えても、出題パターンが少しでも変わると対応できないからです。図形分野の問題の応用力はセンスよりも経験、知識によって身に付きます。頭が悪いから答えられないのではなく、「解き方を覚える」を学習をしているから、答えられないというお子さまは多いのではないでしょうか。

【おすすめ問題集】
Ｊｒ・ウォッチャー３「パズル」、45「図形分割」

問題16　分野：言語

〈準備〉　クーピーペン（赤）

〈問題〉　①名前の中に生きものが入っているものを選んで○をつけてください。
②「１輪」「２輪」と数えるものを選んで○をつけてください。
③「はく」ものを選んで○をつけてください。

〈時間〉　１分

〈解答〉　①左端（“トラ”イアングル）、左から２番目（ク“リス”マスツリー）、右端（レイ“ゾウ”コ）
②右端（コスモス）
③右から２番目（ほうき）

［2020年度出題］

学習のポイント

今回の出題にあったように、言葉の中にほかの言葉が入っていたり、初めの音をつなげたりと、多くのバリエーションの言語分野の出題がありますが、答えるためにはある程度の語彙が必要です。語彙を増やすには、このような問題を解いたり、知育玩具のようなものを使うといった方法がありますが、基本はやはり、生活における会話です。会話なら、その言葉の意味だけではなく、使い方や場面による使い分けも学べるからです。最近の小学校入試では①のように言葉の音に関するもの、擬音語・擬態語について絵を言葉を選ぶもの（「ゴロゴロ」という音が当てはまる絵を選びなさいなど）といった出題が増えていますから、そこまでの学習をしておかないと入試で役立つ知識にならない、とも言えるでしょう。机で行う学習と並行して、生活の場面を利用した学習を心がけてください。言語分野の問題に限らず、全分野の学習に言えることです。

【おすすめ問題集】
Ｊｒ・ウォッチャー17「言葉の音遊び」、18「いろいろな言葉」
60「言葉の音（おん）」

問題17　分野：常識（生活常識、マナー）

〈準備〉　クーピーペン（赤）

〈問題〉　①地震や火事の時に逃げる場所を示したマークはどれですか。四角の中から選んで○をつけてください。
②「フワフワ」しているものはどれですか。四角の中から選んで○をつけてください。
③電車の中でよいことをしているものはどれですか。四角の中から選んで○をつけてください。

〈時間〉　1分

〈解答〉　下図参照

［2020年度出題］

学習のポイント

①③ともに、私立小学校では、公共交通機関を利用して通学するケースが多いので出題されることが多い問題です。これといった対策はありませんが、出かけた時などに理由を含めてマナーを教えてください。その方が記憶に残りやすいですし、効率も良くなります。②は言語、語彙に関する問題とも言えます。前述しましたが、生活の一場面で使い方、形容詞であれば「これを～と例える」ということを実物を見ながら示してください。保護者の方が実例を見せることが、お子さまにとってもっともよい学習になります。また、覚えた知識や言葉をお子さまは使おうとするものです。その時、使い方が間違っていれば指摘するのは仕方ありませんが、「余計なことを言わないで」などと、お子さまの意欲を削ぐようなことは言わないでください。たしかに１つひとつに付き合うわけには行かないでしょうが、そればかりだとお子さまにフラストレーションが溜まってしまい、学習全体に影響が出ます。

【おすすめ問題集】
Ｊｒ・ウォッチャー12「日常生活」、56「マナーとルール」

問題18　分野：常識（生活）

〈準 備〉　タンバリンを鳴らす音が入った音源、『こいのぼり』の楽曲が入った音源、再生機器、クーピーペン（赤）

〈問 題〉　（タンバリンを鳴らす音を再生して）
①今鳴った楽器はどれですか。四角の中から選んで○をつけてください。
（『こいのぼり』を再生して）
②今聴いた曲に登場したものはどれですか。四角の中から選んで○をつけてください。

〈時 間〉　1分

〈解 答〉　下図参照

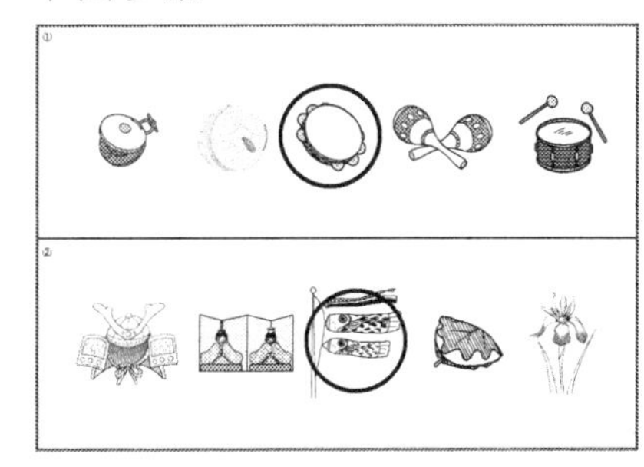

［2020年度出題］

学習のポイント

あまり出題例はありませんが、音に関する常識問題です。楽器の音・童謡など以外では、生きものの鳴き声、料理や掃除などの生活音を聞かれます。これに備えて学習する、ということもできなくはありませんが、出題の可能性のあるものすべての音を覚えるのは難しいでしょう。キリがありません。そこで、問われるものの共通点を見てみると、問われるのは「年齢相応に聞いたことのあるはずの音」であると気付きます。「5～6歳の男の子が日常耳にする」と考えられる音なのです。保護者の方は、お子さまが日常耳にする音、音楽に関して注意を促すのはもちろんですが、「試験に出題されそうだが、お子さまが聞いたことのない音、曲」があれば、一度耳にできるよう、その機会を設けてください。つまり、包丁を使って野菜を切る音を知らなそうであれば、その音を聞かせる。『赤い靴』『赤とんぼ』を聴いたことがことがなければ一度聴かせるということです。

【おすすめ問題集】
　Ｊｒ・ウォッチャー12「日常生活」

問題19　分野：推理（迷路・シーソー・歯車）

〈準備〉　クーピーペン（赤）

〈問題〉　①1匹だけ餌が食べられないアリがいます。四角の中から選んで○をつけてください。
②間違っているシーソーが1台あります。四角の中から選んで○をつけてください。
③左の四角のように、歯車が5つ回っています。白い歯車はどのように回りますか。右の四角から選んで○をつけてください。

〈時間〉　各30秒

〈解答〉　下図参照

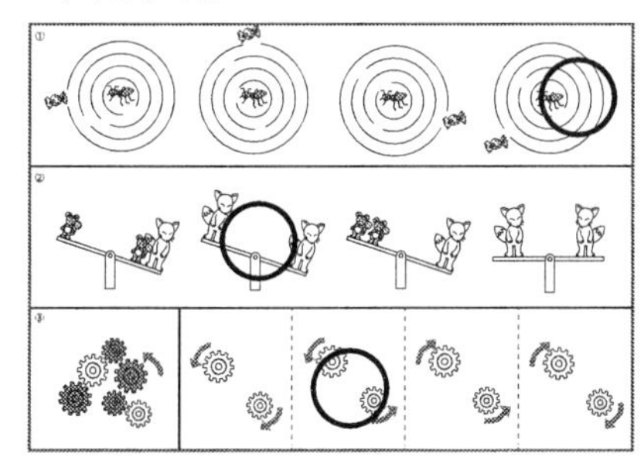

［2020年度出題］

学習のポイント

①は迷路の問題です。特に考えさせる要素はないので、「食べられないアリを選ぶ」という指示を「食べられる」と勘違いしないように答えられればよいでしょう。あまり時間はかけられません。②はよくあるシーソーを使った比較の問題ではなく、論理的思考力が観点の問題です。前提条件となる重さの関係（例えばリス2匹＝キツネ1匹といったもの）がないので、論理的に矛盾しているシーソーを選ぶという問題なのです。解答は、左から2つ目の「同じ重さのものが左右にあるのに釣り合っていないシーソー」となりますが、なんとなくで正解してもあまり意味のない問題です。お子さまの現段階での思考力・注意力を測るためにも、答えた理由も聞いてください。③は見た目よりも考えやすい問題です。左の四角にある歯車での中で矢印のあるものから、1つずつ回転方向を確認していけば自然と答えが出ます。なお、見本と選択肢をいちいち見比べるのではなく、見本の方に歯車の回転方向をまとめて描き、選択肢と見比べた方が速く答えることができます。

【おすすめ問題集】
Ｊｒ・ウォッチャー7「迷路」、31「推理思考」、33「シーソー」

問題20　分野：運動

〈準 備〉　ドッジボール、コーン、フープ
※この問題は４つのグループに分かれて行う。

〈問 題〉　**この問題は絵を参考にしてください。**
①（ドッジボールを渡し）ボールを大きく上に投げて落ちてくる間に３回手を叩きます。そのボールをキャッチして壁に向かって遠投します。
②（２人１組で行う）かけっこの競争をします。「よーいドン」と言ったら、走ってコーンまで行き、コーンを回って帰ってきてください。
③（２人１組で行う）ボールつきの競争をします。「よーいドン」と言ったら、ボールをドリブルしながら、コーンの間をジグザグに通り、いちばん向こうのコーンを回って帰ってきてください。帰りも、ドリブルでコーンの間をジグザグに通ります。できるだけ速く行って、帰ってきてください。
④（１人で行う）向こうに置いてあるコーンまで、ケンケンで進んでください。コーンまで行ったら、今度はフープが並んでいるところまでかけ足でいってください。次に、並んだフープの中を両足とびでジグザグに進んでください。タイムを計ります。

〈時 間〉　適宜

〈解 答〉　省略

［2020年度出題］

学習のポイント

運動の課題です。例年同内容の課題が出題されています。指示が多く、きちんと説明を聞き取らなければならないため、運動能力と同時に指示を聞き、理解する力も観られています。また２人１組で競争することや、タイムを計測することで志願者にはプレッシャーがかけられます。急かされて慌ててしまい、指示を忘れてしまうとよい評価が得られません。ボールをドリブルすることや高くボールを投げるといった運動の練習と同時に、日頃の生活の中で、時間制限をつけてお手伝いや勉強を行うようにしてください。そうすると、こうした入試で時間制限があるものに取り組む時でも、慌てずに行動できるようになります。なお、２次試験ではこれとは別に、グループで行う運動の課題がありました。スキップと歩きを繰り返すという簡単な課題ですが、２次試験でも運動があることは覚えておいた方がよいでしょう。

【おすすめ問題集】
新・運動テスト問題集、Ｊｒ・ウォッチャー28「運動」

問題21　分野：面接（親子面接）

〈準備〉　面接官は１名、他に筆記担当者が１名。

〈問題〉　**この問題の絵はありません。**

【志願者に対して】
・お名前と通っている幼稚園の名前を教えてください。
・何をして遊ぶのが好きですか。
・（電車のつり輪で遊んでいる子ども、電車で騒いでいる子どもの絵を見せて）この絵を見てどう思いますか。（※）
・どんな時にほめられますか。
・どんな時にしかられますか。

【両親に対して】
・お子さまの長所をおしえてください。
・本校に期待することは何ですか。
・他校と比べて何が違うと思いますか。
・宗教教育を受けるにあたって問題はありませんか。

※は、志願者、父親、母親と続けて同じ質問が行われる。

試験中、親子でゲーム（３目ならべ）を行う。母親・父親どちらとゲームをするかは志願者が決める。

〈時間〉　５分程度

〈解答〉　省略

［2020年度出題］

学習のポイント

ほとんどの家庭が両親と志願者の３人で面接を行いました。席順は入室時にジャンケンをして決めるようですから、こだわりはないようです。質問内容はほぼ昨年と同じですが、父親への質問、母親への質問はなくなり、どちらが答えてもよい保護者への質問という形になっています。電車内のマナーに関する質問以外は、どちらかが答えればよい、ということですから、あらかじめ答える担当を決めておいてもよいでしょう。また、お子さまの性格や家庭の教育方針について突っ込んだ質問はありませんが、男子校・一貫教育・宗教教育といった、当校の特徴についての質問ありますから、そのあたりのことは事前に家庭内で意思を統一しておいてください。それ以外は事実確認しかありません。お子さまの資質・能力の評価が中心の入試であるということが面接内容からもわかります。なお、昨年は行われなかった親子のゲームが今年は行われています。

【おすすめ問題集】
新 小学校受験の入試面接Ｑ＆Ａ、面接テスト問題集、面接最強マニュアル、
Ｊｒ・ウォッチャー56「マナーとルール」

問題22　分野：行動観察（自由遊び）

〈準備〉 ミニカー、ゴルフゲーム、サッカーゲーム、プラレール、折り紙、ゲーム機など
※プラレールのみ部屋の中央にある机（周囲の床にはマットが敷いてある）に設置してある。ほかのものは部屋奥の棚に収納しておく。

〈問題〉 **この問題の絵はありません。**
※この問題は、5人のグループで行なう。
この部屋にあるものを使って自由に遊んでください。ただし、以下のことを守ってください。
・部屋の真ん中に置いてあるプラレールと電車には触らないでください。
・プラレールを見たい時は、机の周囲の床に敷いてあるマットに、靴を脱いで入ってください。
・太鼓が鳴ったら何をしていてもすぐにやめること。
それでは、はじめてください。

〈時間〉 10分程度

〈解答〉 省略

［2020年度出題］

学習のポイント

例年出題されている自由遊びの課題です。その日、初めて会ったお友だちと一緒に遊ぶことになります。「何をしようか」「ありがとう」「ごめんなさい」といった、他人を気遣う言葉づかいや行動が身に付いていれば、大きなトラブルもなく、楽しく課題をクリアできると思います。こうした言葉づかいや行動は、ふだんの生活で体験していなければ、なかなか身に付いてきません。お手伝いをしてくれた時など、こまめに「ありがとう」と声をかけてあげてください。また、ふだんから遊びの時間とそれ以外の時間を分ける合図を決めておくとよいかもしれません。

【おすすめ問題集】
Ｊｒ・ウォッチャー29「行動観察」

問題23　分野：行動観察（集団行動）

〈準備〉 ①ミニカー、スーパーボール（適宜）
②恐竜のフィギュア（1体）

〈問題〉 **この問題の絵はありません。**
※この問題は、7人のグループ（4チーム）で行なう。
①今日はみなさんよくがんばりました。お土産にミニカーとスーパーボールを用意したので、仲良く分けてください。
②先生と3回ジャンケンをして、勝った人にこの恐竜のフィギュアをあげます。

〈時間〉 10分程度

〈解答〉 省略

［2020年度出題］

学習のポイント

①のミニカーは人数で均等に分けると必ず２・３台の余りが出るようになっていたということです。評価するとすれば、この余りをどのように分けたかということです。話し合いでもジャンケンでもよいですが、グループ全員が納得しているという形なら問題ありません。自分勝手な行為をしなければ問題視はされないでしょう。似たような課題が例年出ますが、この課題ならこうするといったマニュアル的な対応は、当校の行動観察では余り意味がありません。面接からもわかるように、学力・精神面ともに「のびしろ重視」の学校です。緊張して、突拍子もない行動するよりは、ふだん通りの行動をしていた方が無難なのです。保護者の方も、当たり前のコミュニケーションがとれていれば、それほど神経質になる必要はないという気持ちで、お子さまの行動を観察し、指導してください。お子さまの精神状態も安定し、試験に臨むモチベーションも上がります。

【おすすめ問題集】
Ｊｒ・ウォッチャー29「行動観察」

問題24　分野：複合（制作・巧緻性）

〈準備〉　アズキ（８～12粒）、皿（２枚）、塗り箸、折り紙（白・黄・黄緑・オレンジ、各１枚）、ハサミ、のり
※あらかじめ、アズキは１枚の皿の上に置いておく。

〈問題〉　①（問題24の絵を渡して）
今からお弁当を作ってもらいます。黄緑の折り紙をちぎって、レタスを作ってください。次にオレンジの折り紙をハサミで切って、ウィンナーを作ってください。最後に白と黄色の折り紙をハサミで切って、ゆで卵を作ってください。
②切ったものをおにぎりの横の四角に貼ってください。
③お皿にあるアズキをもう１枚のお皿にお箸を使って移してください。

〈時間〉　①②10分　③１分

〈解答〉　省略

［2020年度出題］

家庭学習のコツ②　「家庭学習ガイド」はママの味方！

問題演習を始める前に、試験の概要をまとめた「家庭学習ガイド（本書カラーページに掲載）」を読みましょう。「家庭学習ガイド」には、応募者数や試験課目の詳細のほか、学習を進める上で重要な情報が掲載されています。それらの情報で入試の傾向をつかみ、学習の方針を立ててから、対策学習を始めてください。

学習のポイント

①②は制作の問題です。当校ではあまり出題例がありません。とは言え、あまり複雑な作業ではないので、指示をよく聞いてその通りに行えば問題はないでしょう。注意したいのは「見本」がないことです。指示を聞いていないと作業を始めるのすら難しくなります。観点もおそらくは「指示の理解と実行」の１点です。年齢相応の器用さがあり、道具の使い方などができていれば、出来映えはそれほど評価されないと考えてください。いい加減に作業をしてもよいということにはなりませんが、お子さまには「雑にならなければよい」程度のアドバイスをして、送り出しましょう。余計なプレッシャーを与えない方が、集中して指示も聞けるでしょうし、作業もスムーズに行えるというものです。なお、③は例年出題される巧緻性（器用さ）を測る課題です。箸使いが観点の問題ですから、間違った使い方を見られると、時間内に終わらせてもよい評価は得られないかもしれません。

【おすすめ問題集】
実践 ゆびさきトレーニング①②③、Ｊｒ・ウォッチャー25「生活巧緻性」

問題25 分野：巧緻性（生活）

〈準備〉 ①机、箱（30cm×30cm、深さ５cm）、バッグ、靴下、筆箱、ハンドタオル、本（１冊）、ノート（１冊）
※あらかじめ、バックに箱以外のものを入れておき、机の上に置いておく。
②風呂敷、タッパ
③ファスナー付きのスモック

〈問題〉 **この問題の絵はありません。**
①バックに入っているものを机の上に全部出して、このように（見本を見せる）箱に置いてください。見本は黒板の前に置いておくので、わからなくなったら見に来てください。
②タッパを風呂敷で包んでください。
③スモックを着てください。着れたら脱いで、先生に渡してください（スモックはたたまない）。

〈時間〉 ５分

〈解答〉 省略

［2020年度出題］

学習のポイント

衣服の着脱ができる、バッグにものをしまうといった日常の当たり前の行為を入試として行なうということは、これだけはできていてほしいという学校側の思いでもあります。自分のことは自分でできるという、小学校入学時における「自立」ができていなければ、勉強どころではなくなってしまいます。そもそも、これらの行為は受験対策として行なうというものではなく、日常生活そのものですので、自然に身に付けられるようにしてください。なぜ服をたたむのか、なぜ机を片付けるのか、１つひとつていねいに説明してあげてください。できたら褒めてあげてください。それを繰り返すことで、生活の一部、つまり習慣になっていきます。

【おすすめ問題集】
Ｊｒ・ウォッチャー25「生活巧緻性」、30「生活習慣」

問題26　分野：お話の記憶

〈準備〉　クーピーペン（赤）

〈問題〉　セミの声が鳴り響く、暑い日のことでした。キツネくんはお母さんに「川に遊びに行ってもいい」と聞くと、「暑いから帽子とタオルを持っていきなさい。それから、川に入っちゃダメよ」と言われたので、大きな声で「ハイ」と返事をし、帽子をかぶり、タオルを首にかけて出かけることにしました。河原で石遊びをしようと思っていたので、石を入れるバケツも持っていきます。
河原には誰もいなかったので、1人でバケツに石を入れ、何度も積み上げて、大きな石の山を作りました。すごくよくできたので、この立派な石の山をお母さんに見せてあげたいと思ったキツネくんは、お母さんを呼びに一度お家に帰ることにしました。
キツネくんが家に戻った後、また誰もいなくなった河原に、今度はクマさんがやってきました。キツネくんが置いていったバケツを見つけたクマさんは、バケツで川の水を汲むと気持ちよさそうに水浴びをしました。クマさんは、バケツを使ったお礼として、持っていたハチミツの入った瓶を１つ置いていきました。
クマさんがいなくなると、今度はたくさんの帽子を担いだロバさんがやってきました。ロバさんもバケツを見つけると水浴びを始めました。「あー、冷たくて気持ちいい」と言うと、帽子を１つお礼に置いていきました。
次に来たのはゾウさんです。ゾウさんはリンゴをいっぱい背負っています。「あー、疲れた」と言って一休みしようとしたゾウさんは、バケツを見つけるとうれしそうに水浴びをしてのんびりと休憩した後、また、歩いていきました。
しばらくしてお母さんと一緒に河原に戻ってきたキツネくんは、自慢の大きな石の山をお母さんに見せました。お母さんも「よくできたね」と喜んでくれました。ただ、石の山のそばに自分がお家に帰った時にはなかったものが置いてありました。キツネくんは川に入っていないのに、バケツも水で濡れています。そのことをお母さんに話すと「誰かがバケツを使ったお礼に置いていってくれたのかしら」と不思議そうな顔をしていました。キツネくんが「持って帰ってもいい」と聞くと、「いいわよ」と言ったので、置いてあったものをバケツに入れ、お母さんと一緒にお家に帰りました。

①キツネくんがお母さんと一緒に戻ってきた時に置いてあったものに○をつけてください。
②このお話の季節はいつですか。同じ季節の絵に○をつけてください。
③登場しなかった動物に○をつけてください。
④初めに河原に行った時、キツネくんが身に付けていたものに○をつけてください。

〈時間〉　各20秒

〈解答〉　下図参照

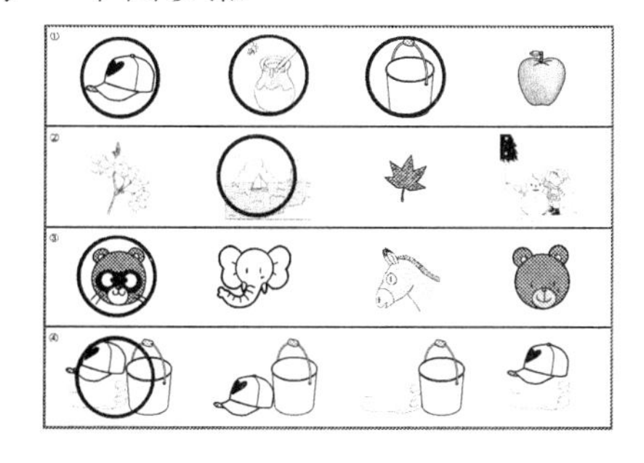

［2019年度出題］

学習のポイント

例年通り情報量が多く、集中して聞いていないと正解しにくい問題になっています。今回に関して言えば、登場人物が必ずアイテムを持っているという状況のお話です。設問にはありませんでしたが、誰が何を持っているのかという、その組み合わせも頭に入れておく必要があります。単に言葉として捉えるのではなく、頭の中にイメージを描いて、ビジュアルとして捉えられるようになることが理想と言えます。そうすることで、当校で頻出する「～なかった」（今回は「登場しなかった」）という、否定形の引っ掛け問題にも対応しやすくなります。お話の部分だけでなく、問題文もイメージとして捉えることで、より正しい答えを導き出しやすくなっていくはずです。とは言ってもすぐにできるというものではありません。最初は１つの言葉から始めてみましょう。「キツネ」「クマ」「ロバ」などを言葉ではなく、イメージとして捉えることから始めて、「キツネが石遊びをしている」といった動作も加えていくことで、徐々に長いお話もイメージできるようになっていきます。常に頭の中に絵を描くことを意識してみてください。

【おすすめ問題集】

１話５分の読み聞かせお話集①・②、１話７分の読み聞かせお話集 入試実践編①、お話の記憶 初級編・中級編・上級編、Ｊｒ・ウォッチャー19「お話の記憶」

問題27　分野：見る記憶

〈準備〉　クーピーペン（赤）

〈問題〉　（問題27-２の絵は伏せておき、27-１の絵を見せる）
この絵をよく見て覚えてください。
（20秒見せてから27-１の絵を伏せ、27-２の絵を見せる）
①絵の中に鳥は何羽いましたか。鳥の数だけ○を書いてください。
②木の一番高い場所にいた生き物に○をつけてください。
③ヘビはどんな模様でしたか。同じものに○をつけてください。
④絵の中にいなかった生き物に○をつけてください。

〈時間〉　各15秒

〈解答〉　下図参照

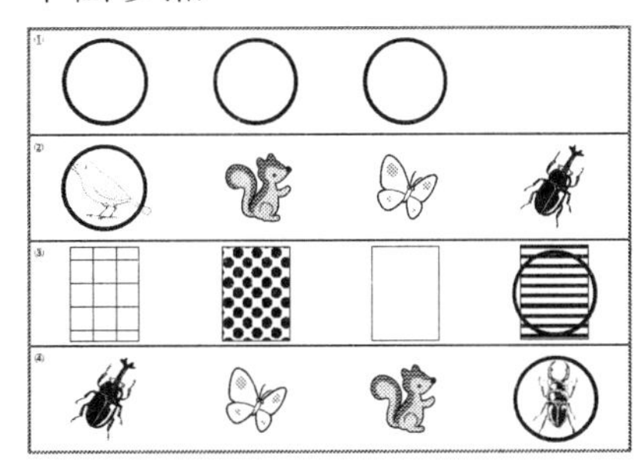

［2020年度出題］

学習のポイント

最初に絵を見る時間は多くの場合、20～30秒程度ですが、この時間は意外と長く感じるものです。20秒しかないからといって慌ててしまうと、見落としてしまったり、見誤ってしまったりすることがあるので、まずは落ちついて絵を見ることを心がけましょう。最初は全体を俯瞰してから細部に目を配ることで、情報がスムーズに入ってきます。入試本番には使えませんが、声に出して確認してみるというのも１つの方法です。鳥が３羽、リス、カブトムシなど声に出すことで、耳からも情報が入り、お話の記憶とは逆のパターンで、絵（イメージ）を音（言葉）で補強する形になるでしょう。こうして複数の入口から情報をインプットすることで、より記憶に残りやすくなるので、慣れてくるまでは、こうした方法を試してみることにも価値があります。いずれにしても正しい方法は１つではありません。まずは、お子さまに合った方法を見つけてあげることが保護者の方の重要な務めとなります。

【おすすめ問題集】
　Ｊｒ・ウォッチャー20「見る記憶・聴く記憶」

問題28　分野：図形（パズル）

〈準備〉　クーピーペン（赤）

〈問題〉　（問題28の絵を渡して）
右の四角の中の形を使って、左の四角の中の形を作ります。使わない形に○をつけてください。ただし、向きを変えてはいけません。

〈時間〉　各30秒

〈解答〉　下図参照

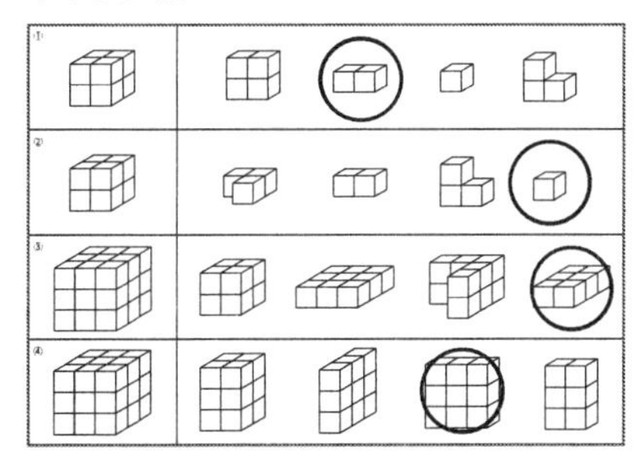

［2019年度出題］

家庭学習のコツ③　効果的な学習方法～問題集を通読する

過去問題集を始めるにあたり、いきなり問題に取り組んではいませんか？　それでは本書を有効活用しているとは言えません。まず、保護者の方が、すべてを一通り読み、当校の傾向、ポイント、問題のアドバイスを頭に入れてください。そうすることにより、保護者の方の指導力がアップします。また、日常生活のさまざまなことから、保護者の方自身が「作問」することができるようになっていきます。

学習のポイント

こうした立体図形の場合、平面とは難しさが大きく異なってきます。高さという要素が加わることで、一方向からの視点では、見えない部分が出てきます。その部分を頭の中で補わなければならないので、経験のありなしで差が出やすい問題でもあります。図形の問題ではありますが、裏側はどうなっているのかという推理も必要とされます。ただ、多くのお子さまが経験しているはずの積み木を組むという作業をイメージすれば、あまり抵抗感なく問題に取り組むことができるでしょう。逆に言えば、立体図形の苦手なお子さまには積み木で実際の立体を経験させることで、目や手を通して立体の感覚を身に付けることができます。ぼんやりとイメージしていた見えない部分が、はっきりと頭の中で見えてくるようになるでしょう。そうすれば答えるスピードも上がり、間違いもしにくくなるはずです。

【おすすめ問題集】

Ｊｒ・ウォッチャー３「パズル」、45「図形分割」

問題29　分野：言語

〈準備〉　クーピーペン（赤）

〈問題〉　①左の四角の中のものと同じ音の数のものを、右の四角から選んで○をつけてください。
②左の四角の中のものと同じ数え方をするものを、右の四角から選んで○をつけてください。
③左の四角の中のものの初めの音をつなげてできる言葉を、右の四角から選んで○をつけてください。
④名前の中に生き物が入っているものを選んで○をつけてください。

〈時間〉　１分

〈解答〉　①左端（ライオン）、右から２番目（シマウマ）
②右端（○本）
③左から２番目（スイカ）
④左端（“アジ（魚）”“サイ”）、左から２番目（ク“リス”マス）

［2019年度出題］

言葉には意味だけでなく、音（おん）という要素も含まれています。そのことによって、さまざまな言葉遊びができます。その筆頭と言えるのがしりとりでしょう。それ以外にも、今回の出題にあったように、言葉の中にほかの言葉が入っていたり、初めの音をつなげたりと、多くのバリエーションの遊びがあります。ですが、その言葉を知らなければ言葉遊びはできません。小学校入試の問題ではありますが、楽しんでできる学習でもありますので、日頃から積極的にお子さまに問いかけてください。ただし、英単語を無理やり詰め込むようなやりかたではなく、生活の中で自然に親しませてあげてください。それほど難しい言葉が試験に出ることはありません。親子で楽しむという意識で取り組んでみましょう。

【おすすめ問題集】

Ｊｒ・ウォッチャー17「言葉の音遊び」、18「いろいろな言葉」
60「言葉の音（おん）」

問題30　分野：常識（生活常識、マナー）

〈準備〉　クーピーペン（赤）

〈問題〉　①左の四角の中の生きものが大きくなると何になるでしょう。右の四角の中から選んで○をつけてください。
②左の四角の中の絵と同じ季節のものはどれでしょうか。右の四角の中から選んで○をつけてください。
③正しく配膳されているものを選んで○をつけてください。

〈時間〉　１分

〈解答〉　下図参照

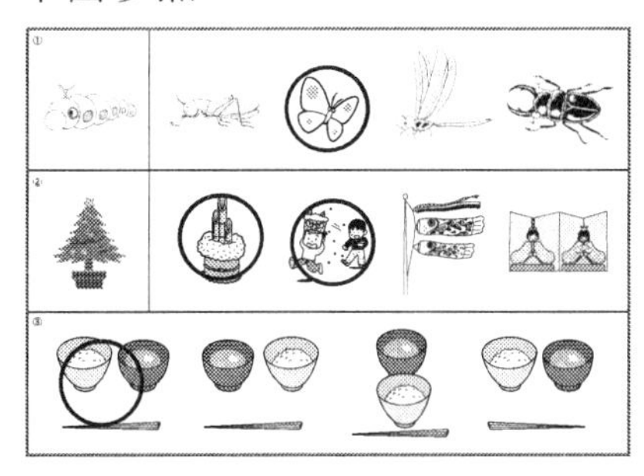

［2019年度出題］

学習のポイント

常識というくらいなので、知っていて当たり前の知識を問うものではありますが、身近に昆虫を目にする機会がなかったり、季節感を感じにくくなっていたりするので、こうして試験問題になっているのでしょう。この分野の問題は、机の上で勉強するというよりも、生活の中で自然に身に付けるのが理想的です。とは言っても、実際に体験するのは難しいのも現実です。図鑑、インターネット、問題集など知識を得るための素材はたくさんあるので、状況に合わせて保護者の方がチョイスしてあげましょう。③のような生活のマナーは、暮らしの中での経験で知識を身に付けていったほうがよいでしょう。マナーは受験のためだけに身に付けるものではないからです。「なぜそうしてはいけないのか」ということを一方的に教え込むのではなく、きちんと理解させるようにしてあげてください。

【おすすめ問題集】

Ｊｒ・ウォッチャー12「日常生活」、27「理科」、34「季節」、55「理科②」、56「マナーとルール」

問題31　分野：推理

〈準備〉　クーピーペン（赤）

〈問題〉　①四角に入る絵を選んで○をつけてください。
②ウサギとカメがサイコロの目の数だけ同時に進んだ時、間のマスはいくつになるでしょうか。マスの目の数だけ○を書いてください。

〈時間〉　各30秒

〈解答〉　下図参照

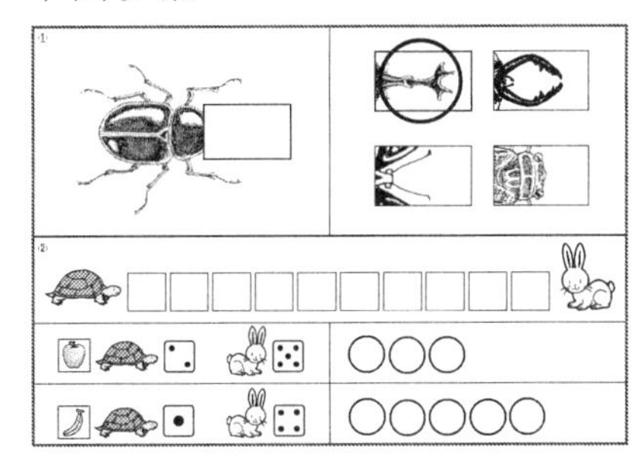

［2019年度出題］

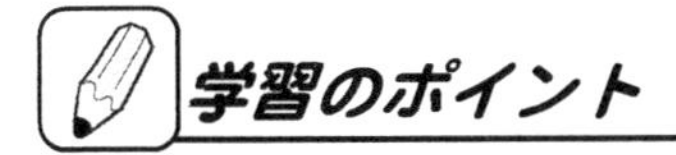

①は欠所補完の問題ですが、今回のような生き物などの出題の場合、推理よりも常識の知識が問われることになります。それほど難しい問題ではないので、それがどんな生き物なのかをきちんと理解して、隠されている部分を推測していけば、直感的に正解は導き出すことができるでしょう。②は答えにたどり着くまでに少し手間がかかりますが、何を問われているのかを理解していれば確実に解ける問題です。カメは何マス進むのか、ウサギは何マス進むのか、間にマスはいくつあるのか、というように１つひとつ分割して考えましょう。混乱せずに解答できるはずです。

【おすすめ問題集】
Ｊｒ・ウォッチャー27「理科」、31「推理思考」、55「理科②」、59「欠所補完」

問題32　分野：複合（図形・推理）

〈準備〉　クーピーペン（赤）

〈問題〉　**この問題の絵は縦に使用してください。**
左の四角の中の図形を、180度回転させても同じ形にするためには、空白の部分にどの形を入れればよいでしょうか。右の四角から選んで○をつけてください。

〈時間〉　各30秒

〈解答〉　下図参照

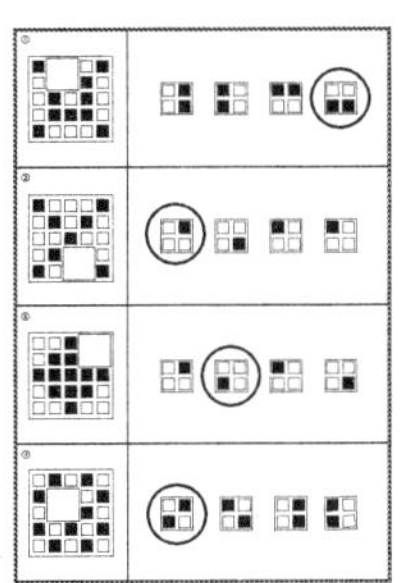

［2019年度出題］

家庭学習のコツ④　効果的な学習方法～お子さまの今の実力を知る

１年分の問題を解き終えた後、「家庭学習ガイド」に掲載されているレーダーチャートを参考に、目標への到達度をはかってみましょう。また、あわせてお子さまの得意・不得意の見きわめも行ってください。苦手な分野の対策にあたっては、お子さまに無理をさせず、理解度に合わせて学習するとよいでしょう。

学習のポイント

さまざまな要素が入った図形問題です。まずは、どういうパターンで配列されているかを認識する系列の要素があり、それが回転しても成り立つということで、図形の回転の要素も入っています。もちろん、欠所補完の形での問題ですから、マスの数が多いので複雑そうだと感じてしまうかもしれませんが、マスの数が多い分、パターンを見極めやすいとも言えます。こうした問題の場合、最初から答えの選択肢に目をやってしまうと、迷ってしまったり、勘違いしてしまったりすることもあるので、空いているマスに白黒どちらが入るのかを自分で考えてから、選択肢の中の正解を選ぶという方法が確実です。

【おすすめ問題集】

Ｊｒ・ウォッチャー５「回転」、６「系列」、８「対称」、45「図形分割」、48「鏡図形」、59「欠所補完」

問題33　分野：面接

〈準 備〉　面接官は１名、他に筆記担当者が１名。

〈問 題〉　**この問題の絵はありません。**

【志願者に対して】
・お名前と通っている幼稚園の名前を教えてください。
・何をして遊ぶのが好きですか。
・（電車のつり輪で遊んでいる子ども、傘でチャンバラをしている子どもの絵を見せて）この絵を見てどう思いますか。
・そう思いますか（※）。
【母親に対して】
・子育てをしていていてうれしかったことは何ですか。
・お子さんのどういうところが自分に似ていると思いますか（※）。
【父親に対して】
・子どもさんと何をして遊びますか。
・男子校についてどう思われますか。
・一貫教育校についてどう思われますか。
・それについてどう思いますか（※）。
※は、母親、志願者、父親と続けて質問。

〈時 間〉　５分程度

〈解 答〉　省略

［2019年度出題］

学習のポイント

親子面接では、机を挟んで先生と対面に座り、真ん中に志願者、左右に保護者が分かれて座るというのが当校のスタイルになっています。保護者への質問では、お子さまの教育方針から、学校についての考えまで幅広く問われます。当然のことではありますが、事前に学校の教育方針や目標、雰囲気などについて調べ、ご家庭のそれと比較して、教育のスタンスや考えをまとめておく必要があるでしょう。母親の答えを受けて志願者、父親に質問をしたりと、親子がお互いをどうみているのかを観ていることがうかがえます。ことさら「面接の練習」と気負うのではなく、ふだんの生活の中でわが子が「どのような子どもなのか」を見つめ、コミュニケーションを深めることが大切です。これまでは、面接の後にカードを使ったゲームが行われていましたが、この年度は行われませんでした。

【おすすめ問題集】

新 小学校受験の入試面接Q＆A、面接テスト問題集、面接最強マニュアル、
Ｊｒ・ウォッチャー56「マナーとルール」

問題34　分野：行動観察（集団行動）

〈準　備〉　①無人島の生活に必要な道具が書かれた９枚のカード
②ドミノ
③スーパーボールと人形

〈問　題〉　**この問題の絵はありません。**
※この問題は、７人のグループ（４チーム）で行なう。
①無人島に持っていくものを、９枚のカードからみんなで相談して３枚選ぶ。
②みんなで協力して、ドミノを長く並べる。みんなで協力して、ドミノを高く積み上げる。
③９個のスーパーボールと１体の人形をみんなで相談して分ける。

〈時　間〉　10分程度

〈解　答〉　省略

［2019年度出題］

学習のポイント

グループごとにさまざまな課題が与えられていますが、結局のところ、観られているのは“人”です。何かを作る、何かを決めるといった時にどういう行動をとるのかというところが観点になります。グループごとに課題が違うということは、その課題自体には、それほど大きなねらいがあるわけではないので、この課題が出たらこうするといったマニュアル的な対応は、あまり意味がありません。行動観察という名前の通り、日頃の行動を観られるものだと考えてください。お子さまが失敗した時・成功した時に保護者の方がする行動が、そのままお子さまの行動になってしまいがちです。そうしたふだんの生活から気を付けていないと、受験間際になって急に慌てることになってしまいます。とは言え、当たり前のコミュニケーションがとれていれば、それほど神経質にならなくても問題はないので、普通の生活の中での躾を心がけてください。

【おすすめ問題集】

Ｊｒ・ウォッチャー29「行動観察」

問題35　分野：巧緻性

〈準備〉　格子状のボード、ひも

〈問題〉　格子状のボードにひもを通して見本の形を作り、ボードの裏側でちょうちょ結びでひもを結ぶ。

〈時間〉　適宜

〈解答〉　省略

［2019年度出題］

学習のポイント

大人には簡単に見えるひも通しですが、お子さまにとっては意外と難しかったりするものです。今回は格子状のボードに見本通りにひもを通すものでしたが、「難しかった」との声も聞かれました。ひもをつまむ、ひもを穴に通す、ひもを結ぶといった指先の器用さに加えて、集中力も必要とされます。練習の際は、最初から難しいことをしても、すぐに飽きてしまうので、通す穴を大きくしてみたり、ひもの太さを替えてみたりしてみてください。まずは、できるという経験をさせてあげましょう。楽しみながらできる勉強なので、保護者の方がその楽しみをうまく伝えられるように工夫してあげてください。

【おすすめ問題集】

実践 ゆびさきトレーニング①②③、Ｊｒ・ウォッチャー25「生活巧緻性」

問題36　分野：お話の記憶

〈準備〉　クーピーペン（赤）

〈問題〉　ぼくには、妹、お母さん、お父さんがいます。今日は、家族みんなで動物園に行きました。昨日は雨が降っていたので、動物園にいけないかもしれないと心配しましたが、今日は雨が止んで青い空が出ていました。動物園へは、駅まで歩き、電車に乗って、そのあとバスに乗りました。
動物園に入ると、入口のすぐ近くに、見たこともないきれいな色のトリがいました。楽しみにしていたパンダの方へ向かって歩いて行くと、途中で飼育員さんが大きなヘビを抱いているのを見かけました。「怖くないのかな」と思って見ていると、飼育員さんに「君も抱いてみるかい」と聞かれました。僕が「はい」と答えると、飼育員さんがヘビを首に巻いてくれました。ヘビはひんやりしていて気持ちよくて、あまり怖くはありませんでした。ヘビを巻いたぼくを見て、お父さんが「怖くないのかい」と聞いたので、「全然怖くないよ」と答えると、お父さんもお母さんもびっくりしていました。
そのあと、サルがリンゴを食べているのをを見ていたら、ぼくもだんだんお腹がすいてきました。ちょうどお昼になったので、みんなでお昼ご飯を食べました。妹はハンバーガー、お父さんとお母さんはラーメン、ぼくはオムライスを食べました。デザートにみんなでアイスクリームも食べました。
お昼ごはんの後に、いよいよパンダを見に行きました。お母さんパンダはとても大きくて、ゆっくりとササの葉を食べていました。２匹の赤ちゃんパンダもいました。２匹で木登りしたり、ボール遊びをしてボールといっしょにコロコロころがったりして、とても仲良しに見えました。ぼくも妹と仲良くしようと思いました。
パンダの後はキリン、その後はコアラを見ました。コアラは３匹いましたが、お昼寝の時間だったのか、みんな木にしがみついてじっとしていました。眠っているのに、１匹も木から落ちなかったので、「どうやっているんだろう」ととても不思議に思いました。最後に４匹のイヌのショーを見て家に帰りました。お母さんが「今日の動物園、楽しかったね」といったので、ぼくも妹も「うん、楽しかった」と答えました。

①昨日はどんな天気でしたか。選んで○をつけてください。
②パンダは何匹いましたか。パンダの数だけ○を書いてください。
③食事の時、だれも食べなかったものに、○をつけてください。
④飼育員さんが抱いていた動物はどれですか。○をつけてください。

〈時間〉　各20秒

〈解答〉　下図参照

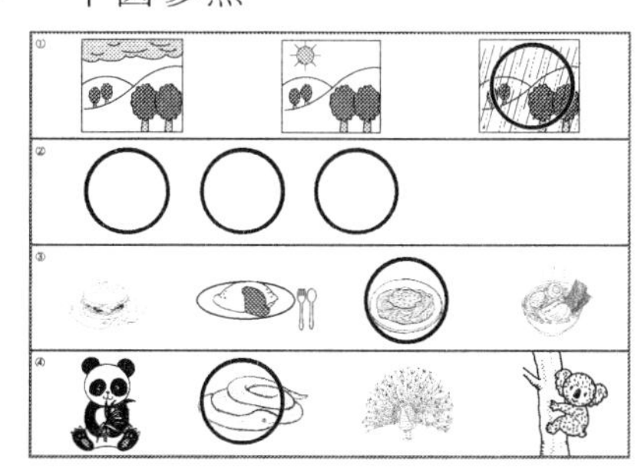

［2018年度出題］

学習のポイント

お話の記憶の問題です。当校のお話の記憶の問題は、登場人物やその行動など情報量が多く、またストーリーには直接関係のない数量分野の問題が例年出題されています。一方で、設問数は多くなく、たくさんの情報を記憶しながら、その中から必要な情報だけを思い出さなければならないということになります。スムーズにお話を記憶するには、ただ言葉を覚えるのではなく、場面の情景を映画や絵本のようにイメージすると記憶しやすくなります。イメージしながらお話を聞くのが苦手ならば、手間はかかりますが、場面ごとに読むのを止めて、絵を描かせてみるとよいでしょう。絵にするためには視覚的にとらえなければならないので、イメージを作る練習になります。また、当然入試では、③の「誰も食べ『なかった』ものに○をつけてください」のように、否定形の質問が出題される場合もあります。お話だけでなく、出題文にも注意して、ケアレスミスをしないようによう心がけてください。お話の記憶は、練習量が結果に大きく反映される分野です。早い時期から、コンスタントに練習を積み重ねるようにしてください。

【おすすめ問題集】

１話５分の読み聞かせお話集①・②、１話７分の読み聞かせお話集 入試実践編①、お話の記憶 初級編・中級編・上級編、Ｊｒ・ウォッチャー19「お話の記憶」

問題37　分野：見る記憶

〈準備〉　クーピーペン（赤）

〈問題〉　（問題37-２の絵は伏せておき、37-１の絵を見せる）
この絵をよく見て覚えてください。
（20秒見せてから37-１の絵を伏せ、37-２の絵を見せる）
①最初に見せた絵の中にいなかった動物に、○をつけてください。
②サルの下にいた動物に、○をつけてください。
③１番下の段の、左の端にいた動物に、○をつけてください。
④イヌの下にいた動物に、○をつけてください。

〈時間〉　各15秒

〈解答〉　①右から２番目（ウサギ）　②右端（ネコ）　③右端（ネコ）
④真ん中（クマ）

［2018年度出題］

学習のポイント

絵を見て情報を記憶する問題です。短時間のうちに、絵に描かれているものと位置を合わせて記憶しなければならないため、記憶する工夫が求められます。座標を記憶する際には、「左から、１列目は空き、空き、空き、ネコ。２列目は空き、サル、ネコ、クマ…」というようにリズムをつけて、言葉に置き換えて覚えるのが基本で、発展形としては、全体を俯瞰し把握してから細部に目を向ける、という方法もあります。さまざまな方法を試していく中で、現在のお子さまにあったやり方を見つけていきましょう。「どこに」「何が」あるのかを記憶する練習として、ご家庭の家具や道具の設置場所を質問することや、日頃のお手伝いの中で、「いつも使っているお茶碗は、食器棚の何段目、左から何番目に置いてあるか」や「お気に入りの洋服は、タンスの何段目の引き出しに入っているか」など、質問するとよいでしょう。日頃のお手伝いの時にしていることと同じことをすればよいと気づけば、実際の試験の際にも慌てず問題に取り組めるようになります。

【おすすめ問題集】
Ｊｒ・ウォッチャー20「見る記憶・聴く記憶」

問題38　分野：図形（パズル）

〈準備〉　クーピーペン（赤）

〈問題〉　（問題38の絵を渡して）
右の四角の中の形を使って、左の四角の中の形を作ります。使わない形に○をつけてください。

〈時間〉　各30秒

〈解答〉　下図参照

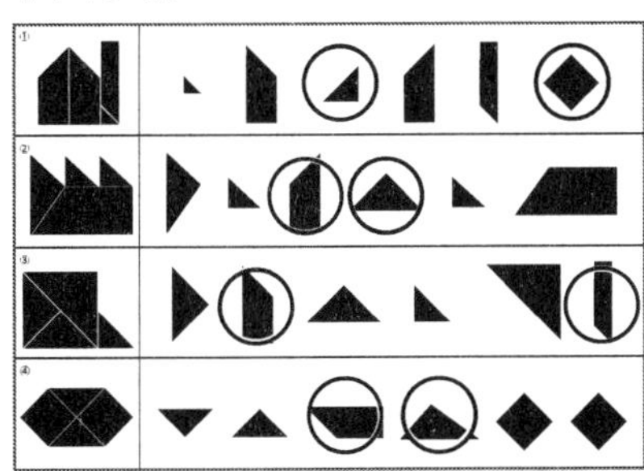

［2018年度出題］

学習のポイント

パズルの問題です。このようなパズルの問題では、大きな図形を作るための構成力や、図形を把握する力が求められます。三角形や四角形など、複数の図形を組み合わせるとどんな形になるかを知識として身に付けておく必要があります。図形問題の練習は、実際に図形を描いてみることや、パズルを作ってピースを操作してみることが基本です。本問に関しても、お子さまが手こずるようであれば、実際に左側の四角の中の形を作り（保護者の方が図形を書き、お子さまに切ってもらうのがおすすめです。ハサミの使い方の練習になります）、イラストの上に並べてみましょう。特徴的なピースの形や、形を回転させた時の見え方の変化など、体験を通して身に付いていきます。具体物を使っての練習でそれぞれの図形の特徴や性質が定着し、手で行っている操作を頭の中で行えるようになれば、解答するスピードも早くなっていきます。

【おすすめ問題集】
　Ｊｒ・ウォッチャー３「パズル」、９「合成」、16「積み木」、45「図形分割」、54「図形の構成」

問題39　分野：言語（しりとり）

〈準　備〉　クーピーペン（赤）

〈問　題〉　さまざまなものの名前でしりとりをします。最後がスイカで終わるように、それぞれの四角の中の絵を選んで、○をつけてください。

〈時　間〉　１分

〈解　答〉　下図参照

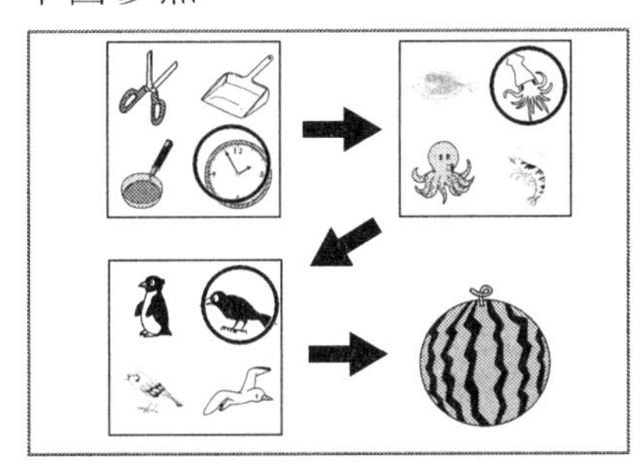

［2018年度出題］

学習のポイント

絵が表すものの名前でしりとりをする問題です。いつもしているしりとり遊びとは逆の順番で、答えを導いていくことになるので、語彙の豊富さに加え、言葉を音で捉え、それを逆からつなげていく応用力も観られています。最後が「スイカ」とわかっているので、その1つ前の四角から「す」で終わるものを選び、同じように2番目、1番目の四角から答えを選んでいきます。また、しりとりでは、絵が表すものの名前を知っていることが前提となっているため、年齢相応の語彙の豊富さ・その言葉の知識も問われます。それを前提とした上で、問題のように絵を見ながら行う絵しりとりや、2番目の音をつなげる遊びなど、通常のしりとりのルールにあと一工夫を加えたゲームで言葉の音に対する感覚を養ってください。

【おすすめ問題集】
Ｊｒ・ウォッチャー17「言葉の音遊び」、18「いろいろな言葉」、49「しりとり」
60「言葉の音（おん）」

問題40　分野：常識（マナー、生活常識）

〈準備〉　クーピーペン（赤）、
「ぞうさん（歌詞なし）」「お正月のうた（歌詞なし）」の音源、再生機器

〈問題〉　①上の段を見てください。授業中の教室の絵があります。この中でよくないことをしている子の絵に○をつけてください。
②（「ぞうさん（歌詞なし）」を聞かせる）真ん中の段を見てください。この中で、今流れた歌に出てくる動物はどれですか。○をつけましょう。
③（「お正月のうた（歌詞なし）」を聞かせる）下の段を見てください。この中で、今流れた歌に出てこない遊びはどれですか。○をつけましょう。

〈時間〉　各20秒

〈解答〉　下図参照

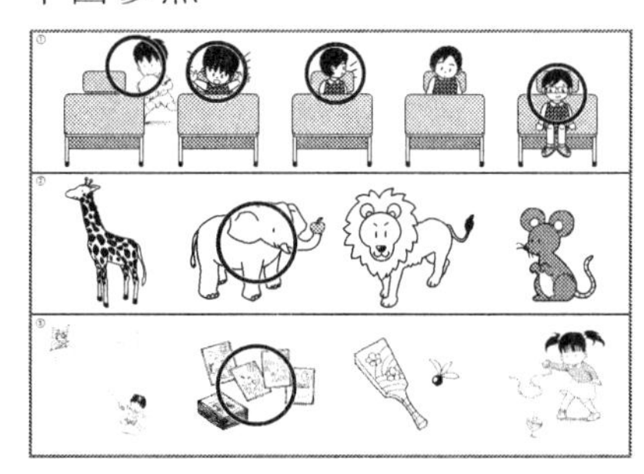

［2018年度出題］

①は、教室内、ひいては公共の場でのマナー理解の問題です。実際のマナーは体験なしでは身に付けることは非常に難しく、日頃からの「このような場面では、～してはいけない」という体験の積み重ねが不可欠です。「これはいけないことだ」「こうすべきである」と保護者の方がただ教えるだけでは、身に付けるのは難しいでしょう。教えるときには、「なぜそれがいけないことなのか」という理由を説明し、理解させることで、自然とマナーを守ることができるようになっていきます。②③は生活常識の問題です。いずれも有名な童謡ですが、お子さまは耳にしたことがないと、正解は難しいでしょう。歌に限らず、年中行事や花の季節など、常識分野では生活体験を通して学ぶ知識を問われます。お子さまと一緒にさまざまな行事に参加すること、お散歩の間に気付いた季節の植物について教えてあげることなど、お子さまと一緒にさまざまな体験を積み重ねることが大切です。

【おすすめ問題集】
Ｊｒ・ウォッチャー34「季節」、56「マナーとルール」

問題41　分野：推理

〈準備〉　クーピーペン（赤）

〈問題〉　（問題41の絵を渡して）
白ヤギさんと黒ヤギさんがゲームをしています。白ヤギさんはマスに○、黒ヤギさんはマスに●を交互に書きます。丸を１列に並べた方が勝ちです。
①左上の絵を見てください。白ヤギさんが勝ったのはどれですか。○をつけてください。
②右上の絵を見てください。白ヤギさんが勝ったのはどれですか。○をつけてください。
③左下の絵を見てください。白ヤギさんが勝つにはどのマスに○を入れればよいですか。○を書いてください。
④右下の絵を見てください。黒ヤギさんが勝つにはどのマスに●を入れればよいですか。●を書いてください。

〈時間〉　各30秒

〈解答〉　下図参照

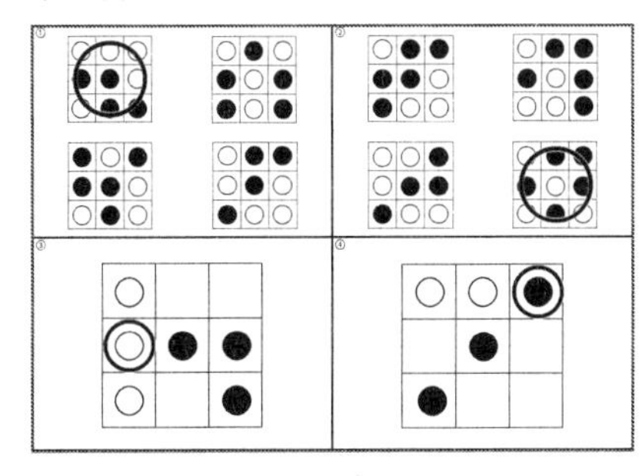

［2018年度出題］

学習のポイント

○を１列に並べるという説明から、同じ色の○を３個並べた方が勝ち、というルールを理解しなければなりません。簡単な説明から、正解となるパターンを思いつく判断力が求められます。また②のように、ここでいう「１列」にはタテ・ヨコに加え、ナナメがあることにも注意が必要です。もし間違えてしまうようなら、思い込みで問題に取り組まず、お子さまが解答した後に「ほかには答えはないか」と全ての選択肢を確認し、ほかの答えがある可能性に目を向けるようにしてください。

【おすすめ問題集】
　Ｊｒ・ウォッチャー31「推理思考」

問題42　分野：数量（数の構成）

〈準 備〉　クーピーペン（赤）

〈問 題〉　左の四角の箱の中に、白・黒・グレーの３色のお団子が入っています。３個ずつ串に刺すとどのお皿になりますか。右側の絵に○をつけてください。

〈時 間〉　１分

〈解 答〉　下図参照

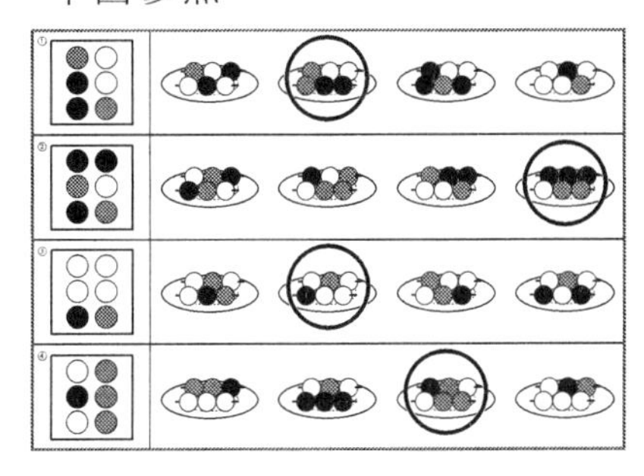

［2018年度出題］

学習のポイント

３色の丸を数え、同じ数の丸で構成されている絵を探す計数の問題です。数の概念が身に付いているのはもちろんですが、さまざまな種類のものを、種類ごとに数えるという複雑な処理に対応できるかが観られています。バラバラに配置されたものを１つずつ数えていくためには、たとえば「左上から、右下へ」というように、見る順番を１つに決めてしまう方法が有効です。順に１つずつ数えていくことで、見落としや重複を防ぐことができます。間違いなく数えることができるようになれば、解答するのはそれほど難しくはないでしょう。計数の力を伸ばすには、おはじきなど具体物を使った反復練習が効果的です。具体物の種類や数を増やしていくことで、当校が求めるレベルの「数える」という行為に慣れ、速度・正確さともに高めてください。

【おすすめ問題集】
　Ｊｒ・ウォッチャー14「数える」、36「同数発見」、37「選んで数える」、41「数の構成」

問題43　分野：行動観察（集団行動）

〈準備〉　大きなボール紙（複数）、折り紙

〈問題〉　※この問題は、6人のグループ（4チーム）で行なう。
・チームごとに分かれて競争します。
・折り紙を丸めて筒を作ってください。その筒を立てた上に厚紙を載せます。厚紙の上に、また筒を立てて、その上にさらに厚紙を載せてください。それを繰り返して、1番高くまで積めたグループが優勝です。

〈時間〉　10分程度

〈解答〉　省略

［2018年度出題］

学習のポイント

その日初めて会うお友だちとチームになり、課題に向かうことになります。1つひとつの作業に年齢相応の器用さが必要となるのはもちろんですが、より大きな観点とされるのはチームでの作業の進め方、そして失敗してしまった時のお友だちへの対応の仕方でしょう。説明された手順で作業を進めることができるか、手順と違うことをしてしまっているお友だちにどのように声をかけるか、上手く行かなかった際にどのような表情を見せるか、そう言った点が重要視されています。日頃から、複数の人間で1つの作業をおこなう時は、自分ひとりで先に進めてしまったりほかの人の失敗を責めたりするよりも、声をかけ合って仲良く進める方が効率が良いことを、折に触れて説明してあげてください。

【おすすめ問題集】
Ｊｒ・ウォッチャー23「切る・貼る・塗る」、29「行動観察」

問題44　分野：巧緻性

〈準備〉　クーピーペン（12色）、画用紙、のり

〈問題〉　（問題44の絵を渡して）
①絵に描かれている形を、線に沿ってちぎってください。
②ちぎってできた形を、画用紙に貼ってください。
③形を貼った紙に、クーピーペンで自由に描いたり塗ったりして、何かの絵にしてください。

〈時間〉　適宜

〈解答〉　省略

［2018年度出題］

学習のポイント

巧緻性を観る問題です。紙をちぎる作業は指先の使い方を練習しておかなければなかなか上手くいきません。慣れるために、線にそって紙をちぎったり、少し複雑な形にちぎるなどの練習をしておきましょう。例えば、絵を描く時はお絵かき遊びといっしょに、自分の描いた絵をちぎって紙に貼り絵にしてください。一緒にのりの使い方の練習もできます。また、その日勉強をがんばった記念に、カレンダーに貼るシールの代わりに自分が描いた絵を貼ると決めておくと、自然とちぎりの練習ができます。また、実際に紙をちぎるだけでなく、指先から手首の使い方を身に付けるためには、ボルトとナットを使う練習も有効です。ナットをしっかりと指先で保持して、反対の手でボルトを回す動きは、ちぎりとよく似ており、練習になります。

【おすすめ問題集】

Ｊｒ・ウォッチャー23「切る・貼る・塗る」、実践 ゆびさきトレーニング①②③

問題45　分野：巧緻性（生活）

〈準備〉　大きな袋、大きな本２冊、くつ下、タオル、クーピー、筆箱、道具箱、スモック

〈問題〉　**この問題の絵はありません。**

※あらかじめ、スモックを棚に入れ、道具を大きい袋にランダムに入れておく。道具箱は机の中に入れておく。

①スモックを棚から取って、着てください。

②袋の中にあるものをすべて、机の中にある道具箱の中に整頓して入れてください。

③スモックを脱いで、畳んで棚に戻してください。

〈時間〉　５分

〈解答〉　省略

［2018年度出題］

学習のポイント

決められた場所へ、指示に従ってものを片付ける課題です。片付けは試験の対策として身に付けるものではありません。日頃から、当たり前にできているかどうかが観られています。勉強や遊びだけでなく日常生活のあらゆる場面で、用意から片付けまでを一連の動作として身に付けさせるようにしましょう。ただ、「片付けなさい」ではなく、「ここに置いてあったら危ないよね」、「これがなくなったら遊べないよ」と片付ける意味をお子さまに伝えましょう。スモックをたたむというのはほかの学校でも時折見られる出題です。お手本を保護者の方が一度見せて、一緒に手順を確認しながら練習するようにしましょう。

【おすすめ問題集】

Ｊｒ・ウォッチャー25「生活巧緻性」、30「生活習慣」

問題１３

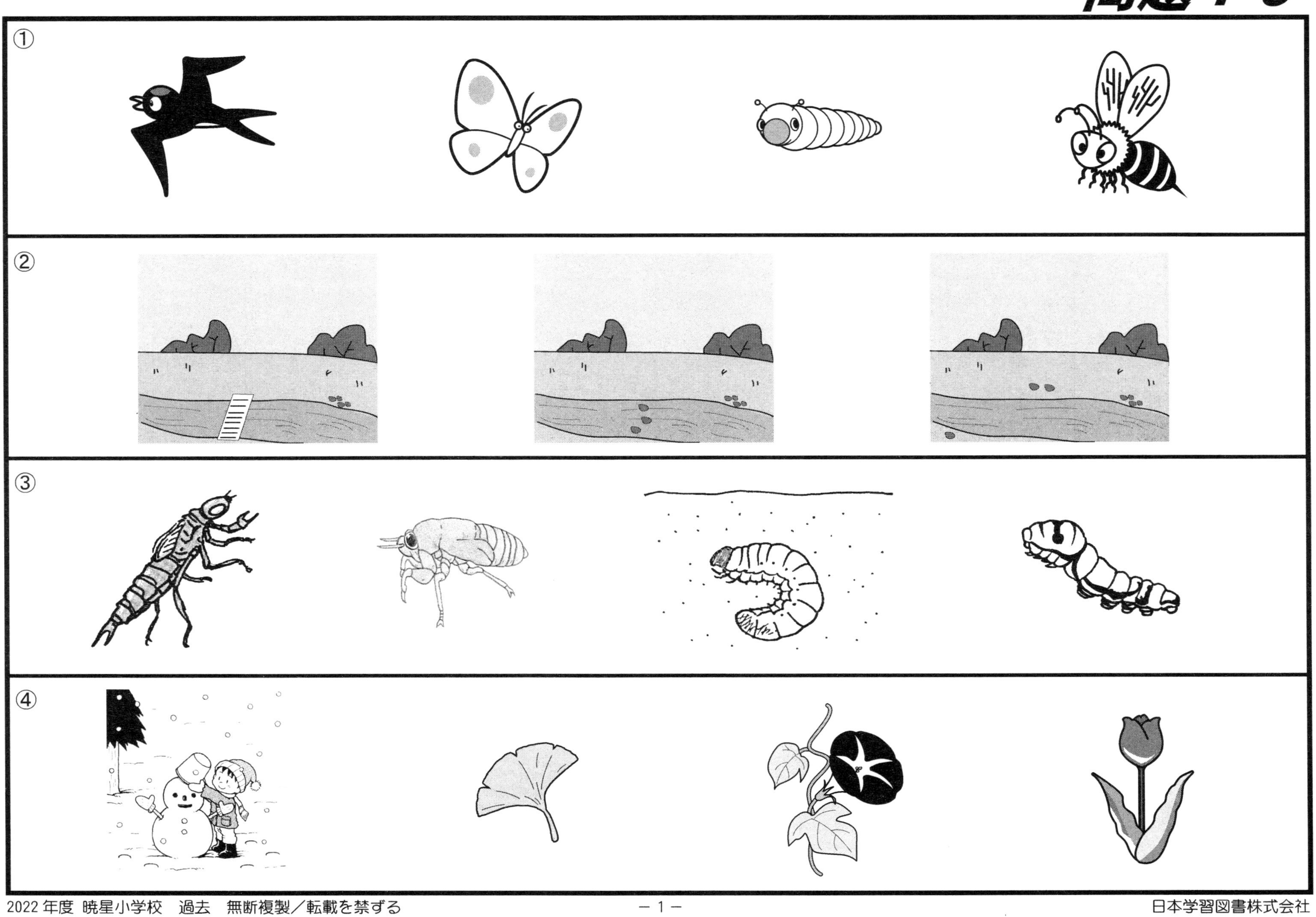

問題１４－１

問題１４－２

①

②

③

④

問題１５

①

②

日本学習図書株式会社

問題１６

①

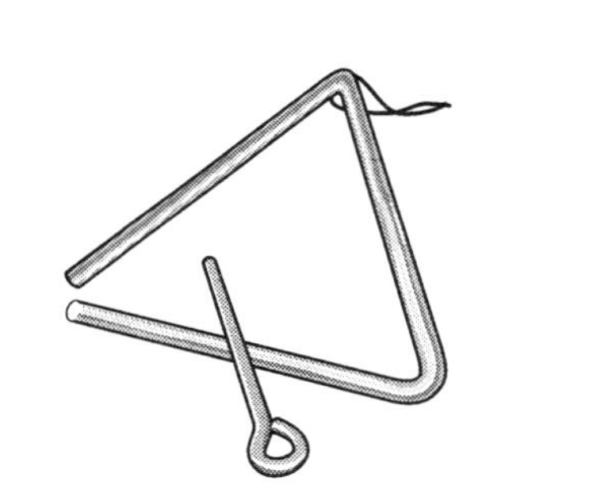

②

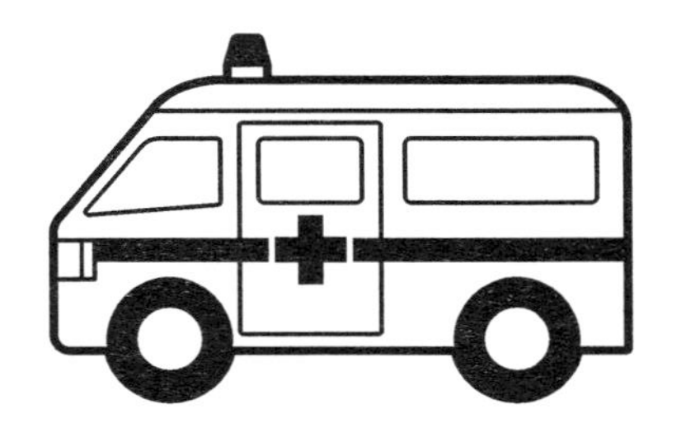

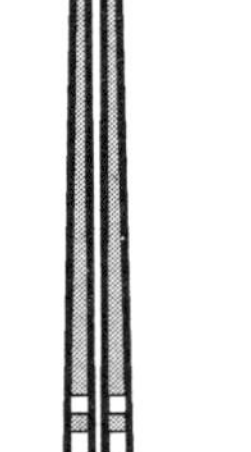

③

問題１７

①

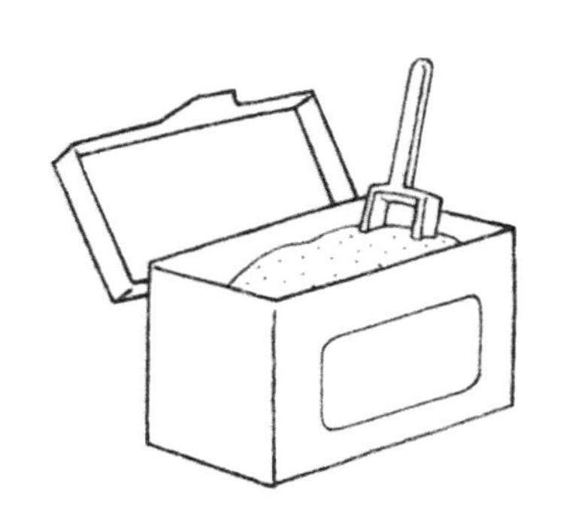
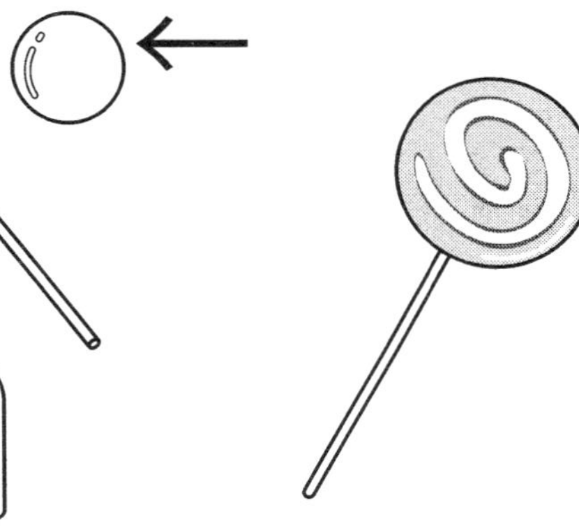

③

問題18

①

②

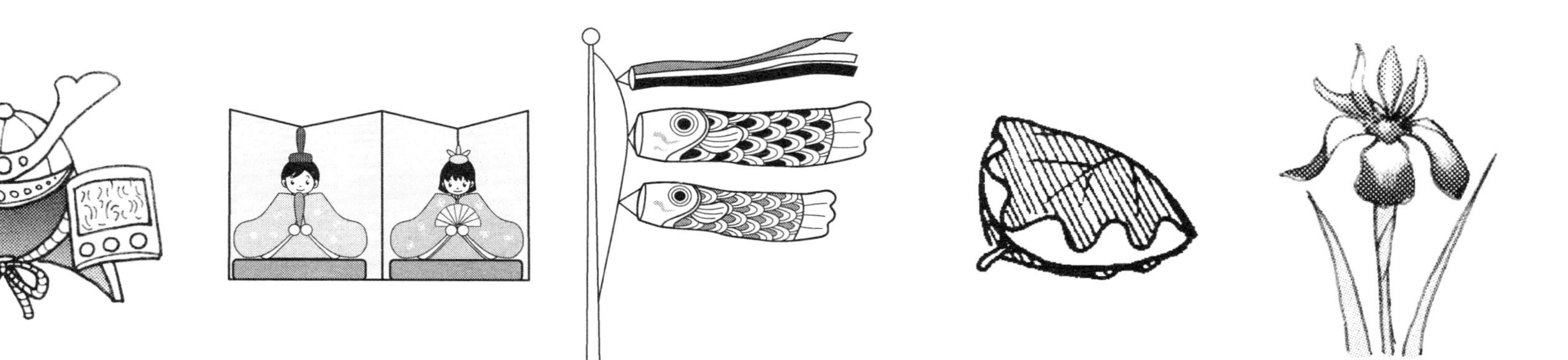

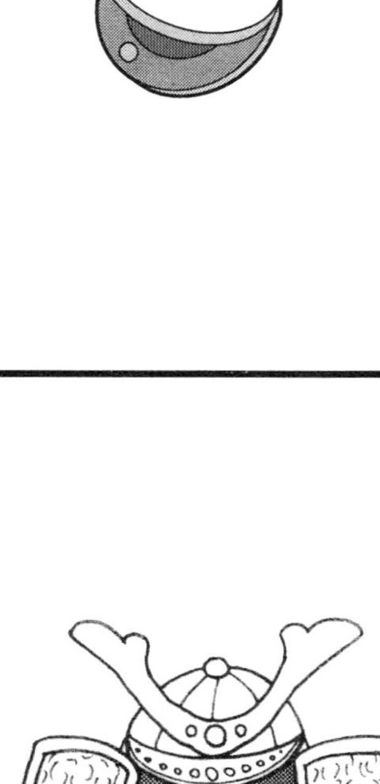

　

問題19

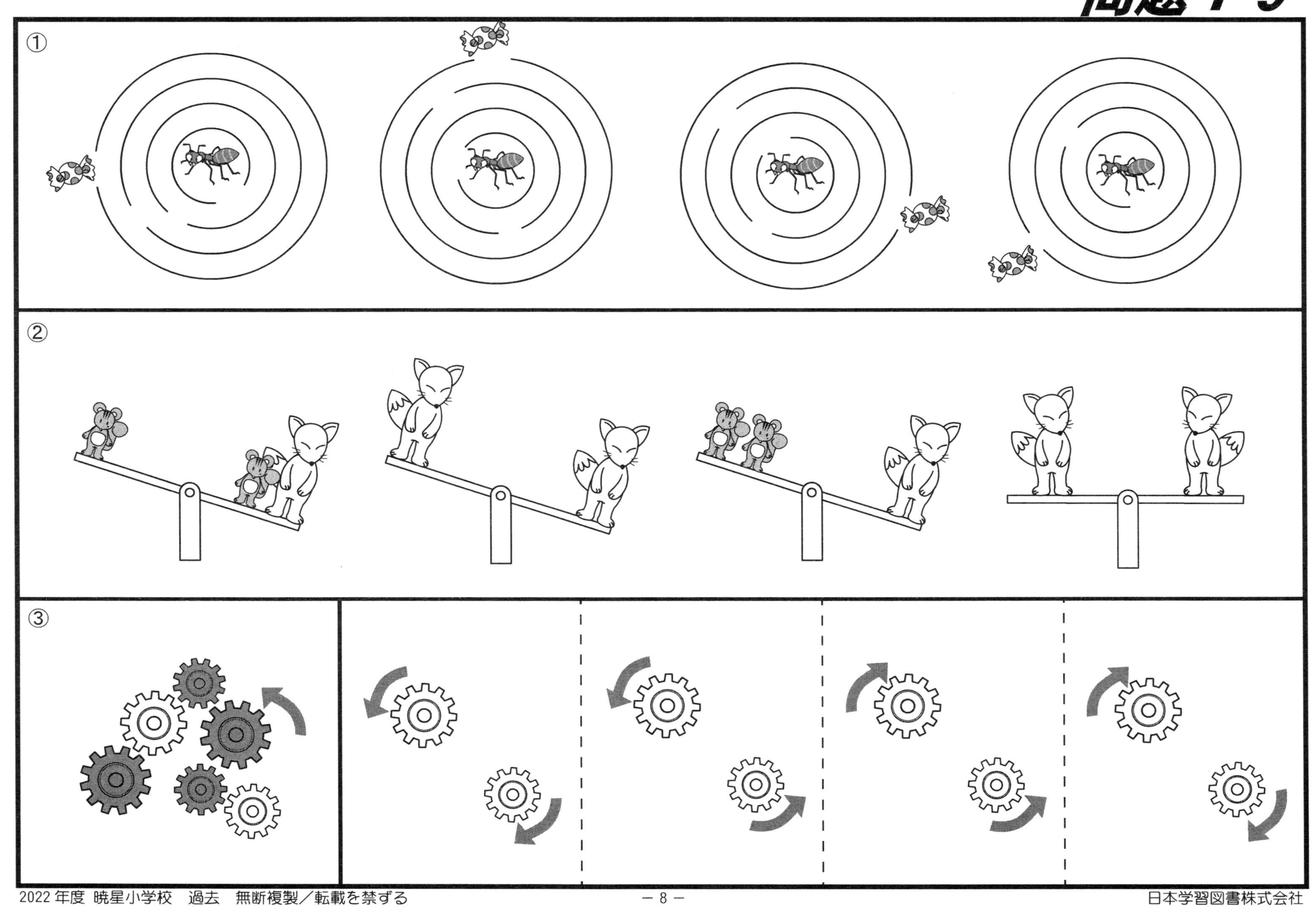

問題２０

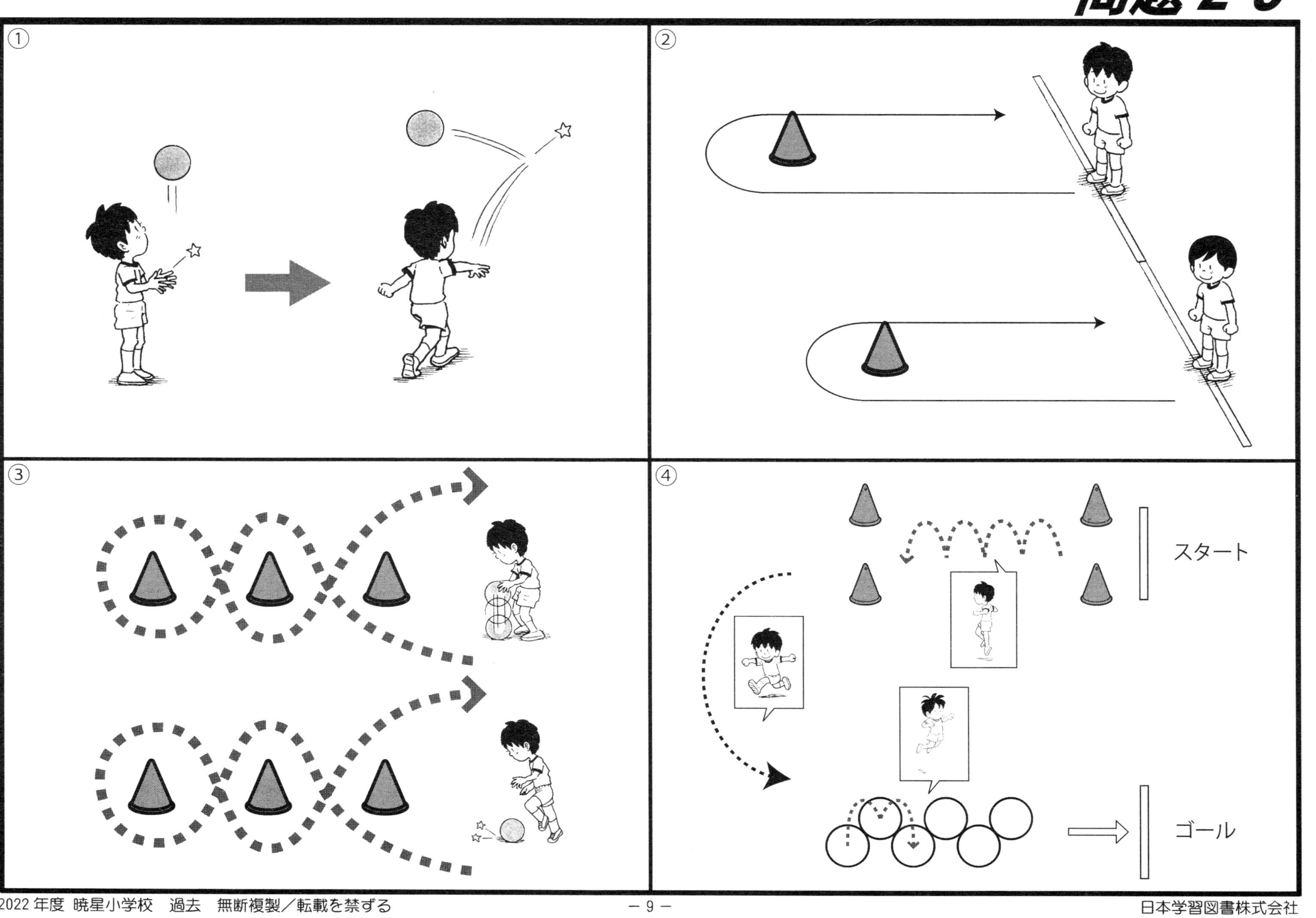

問題２４

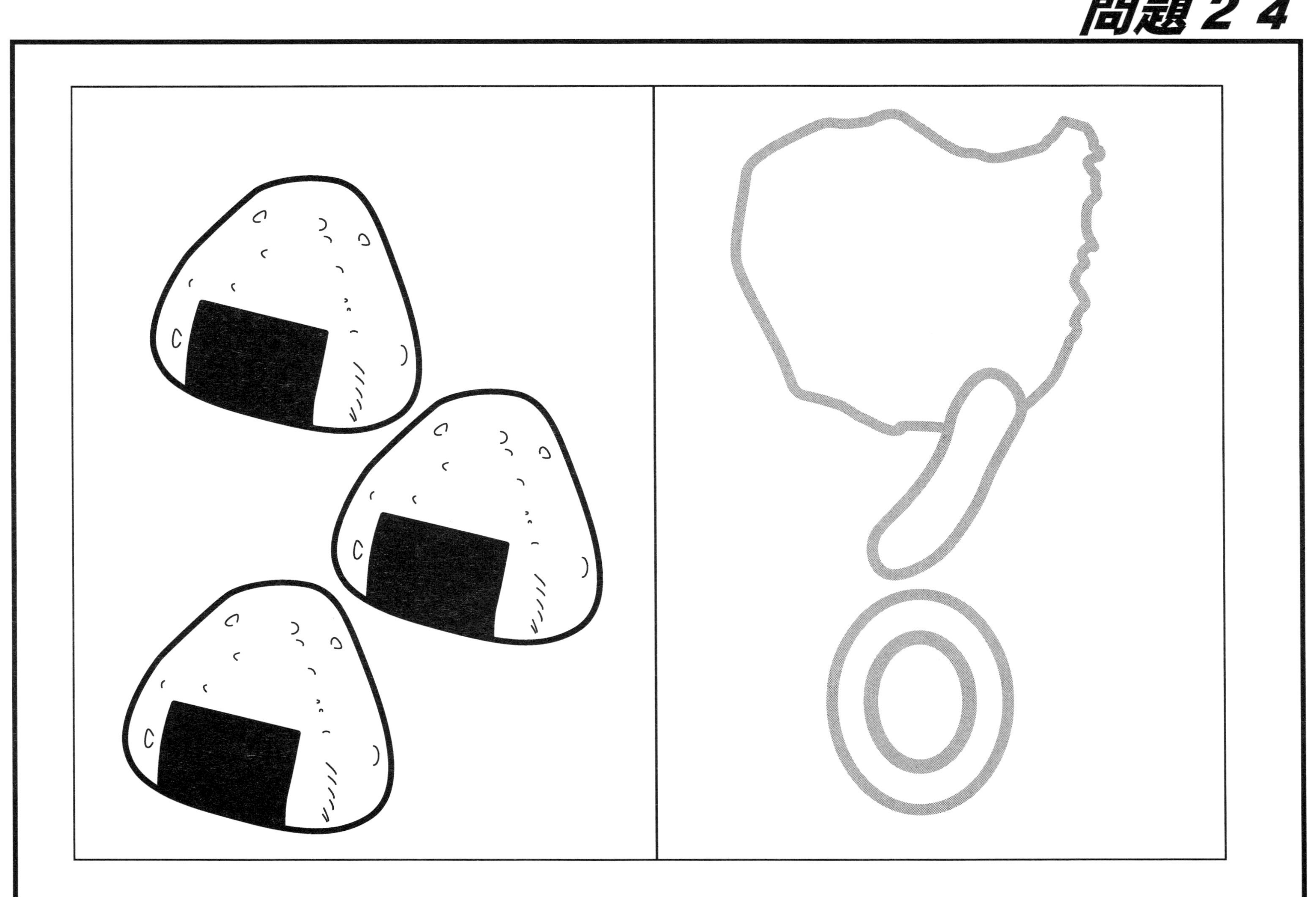

問題２６

①

②

③

④

問題２７－１

問題２７－２

①

②

③

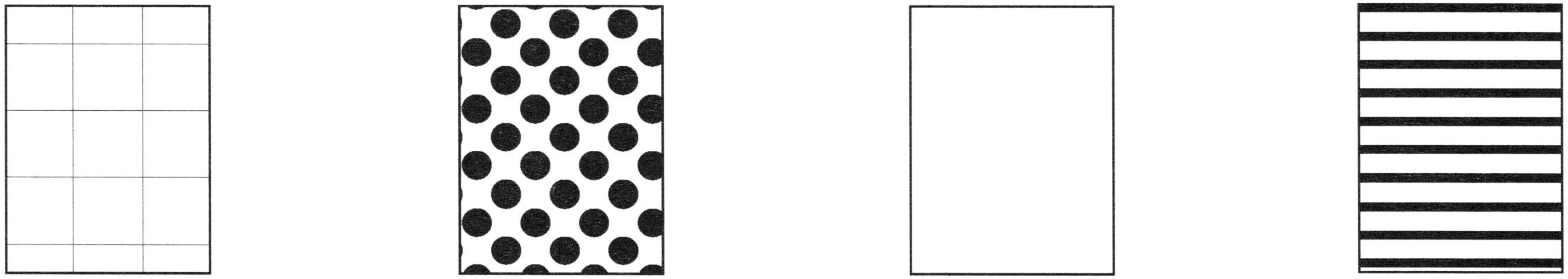

④

問題28

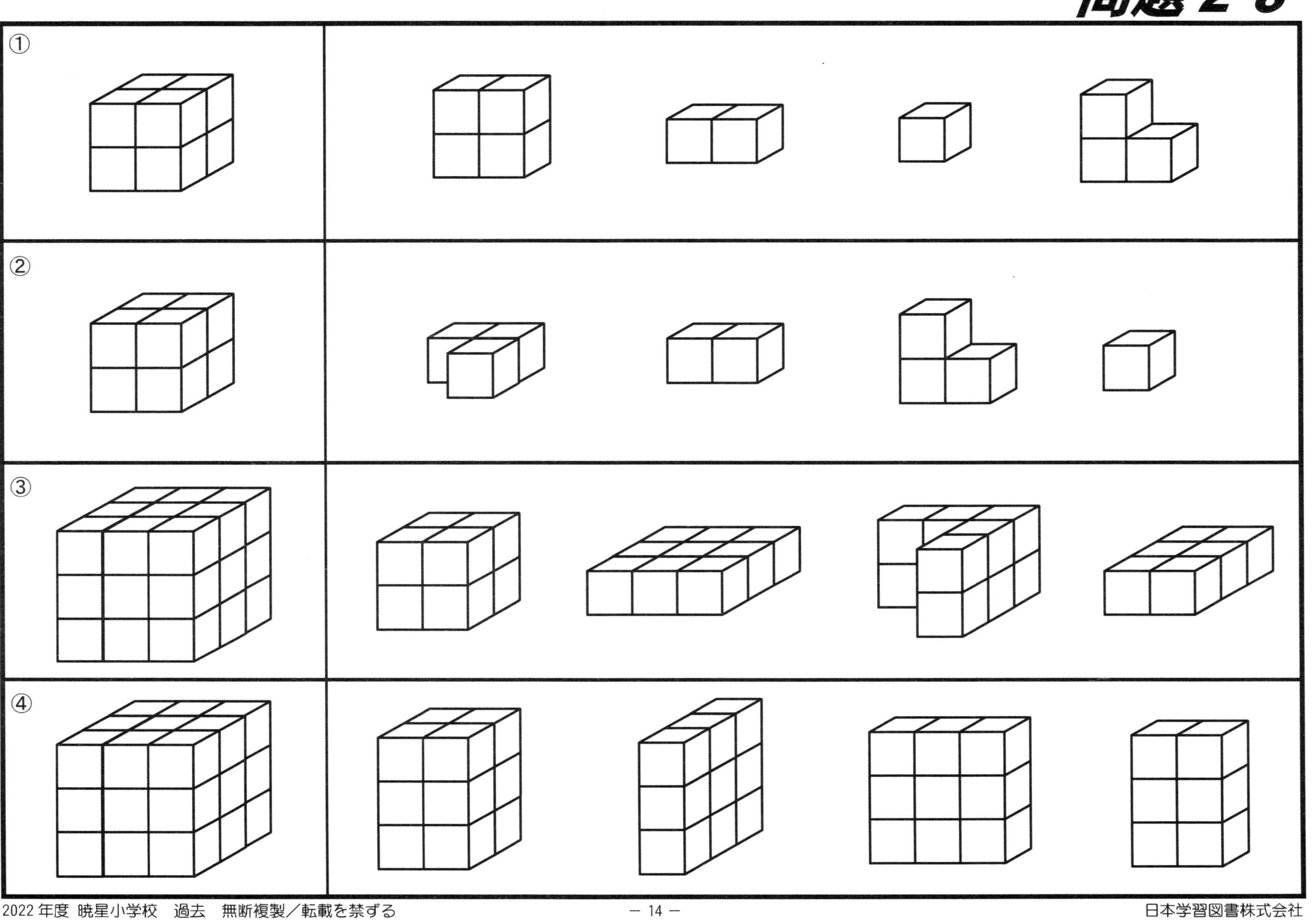

問題２９

問題３０

①

②

③

問題３１

①

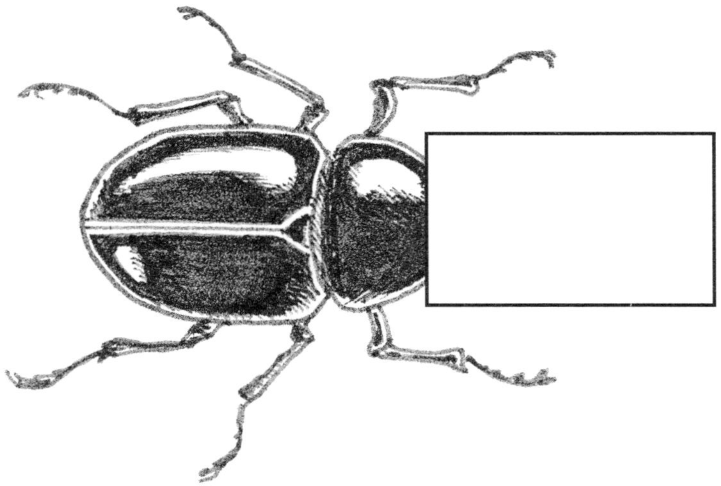

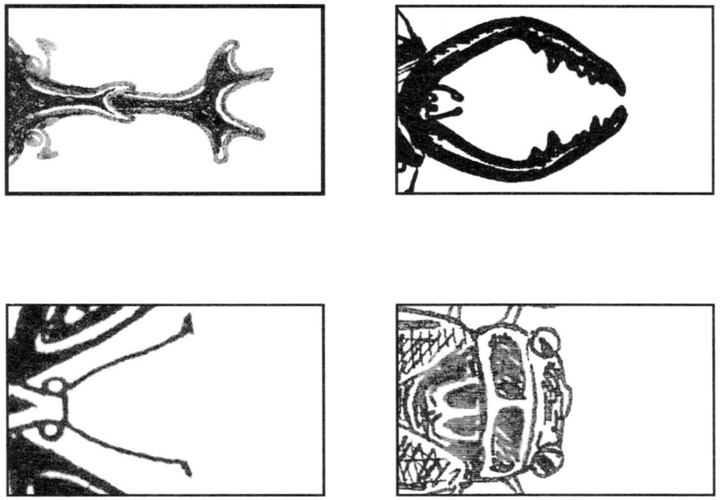

②

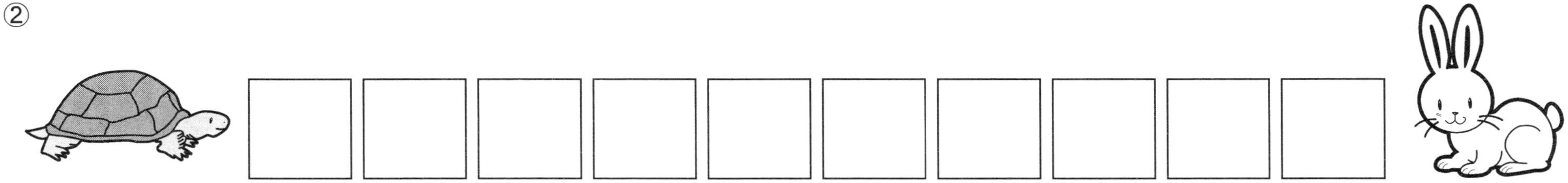

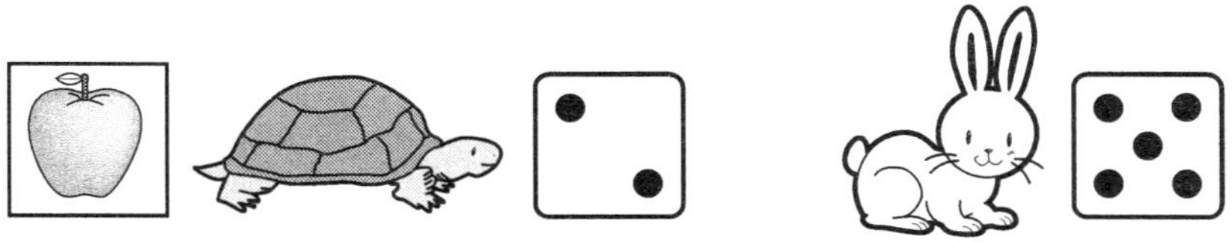

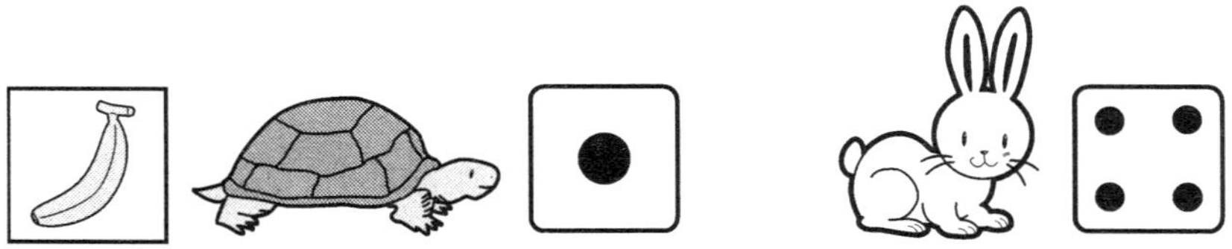

問題32

①

②

③

④

問題35

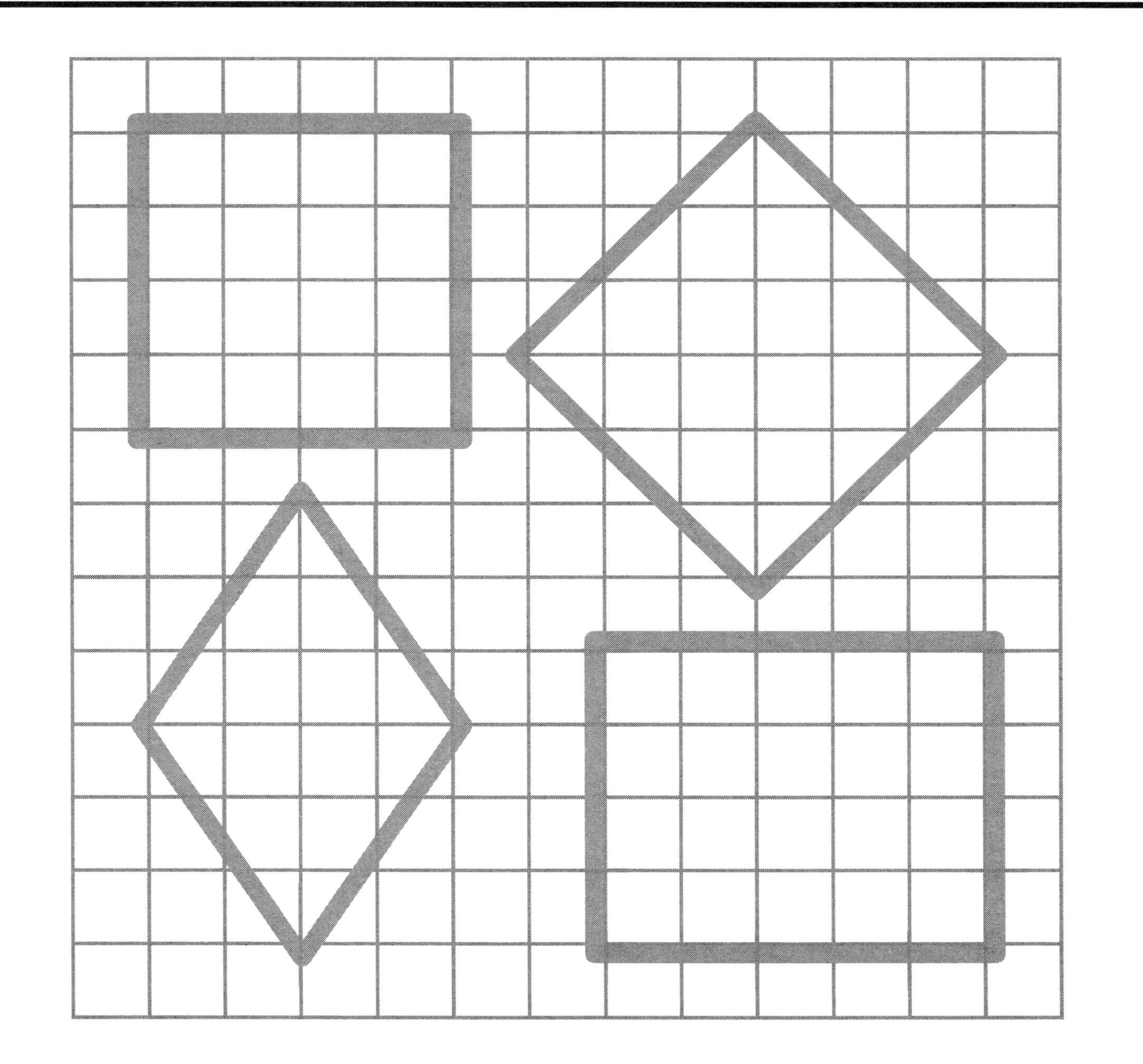

問題３６

①

②

③

④

問題37－2

①

②

③

④

問題３８

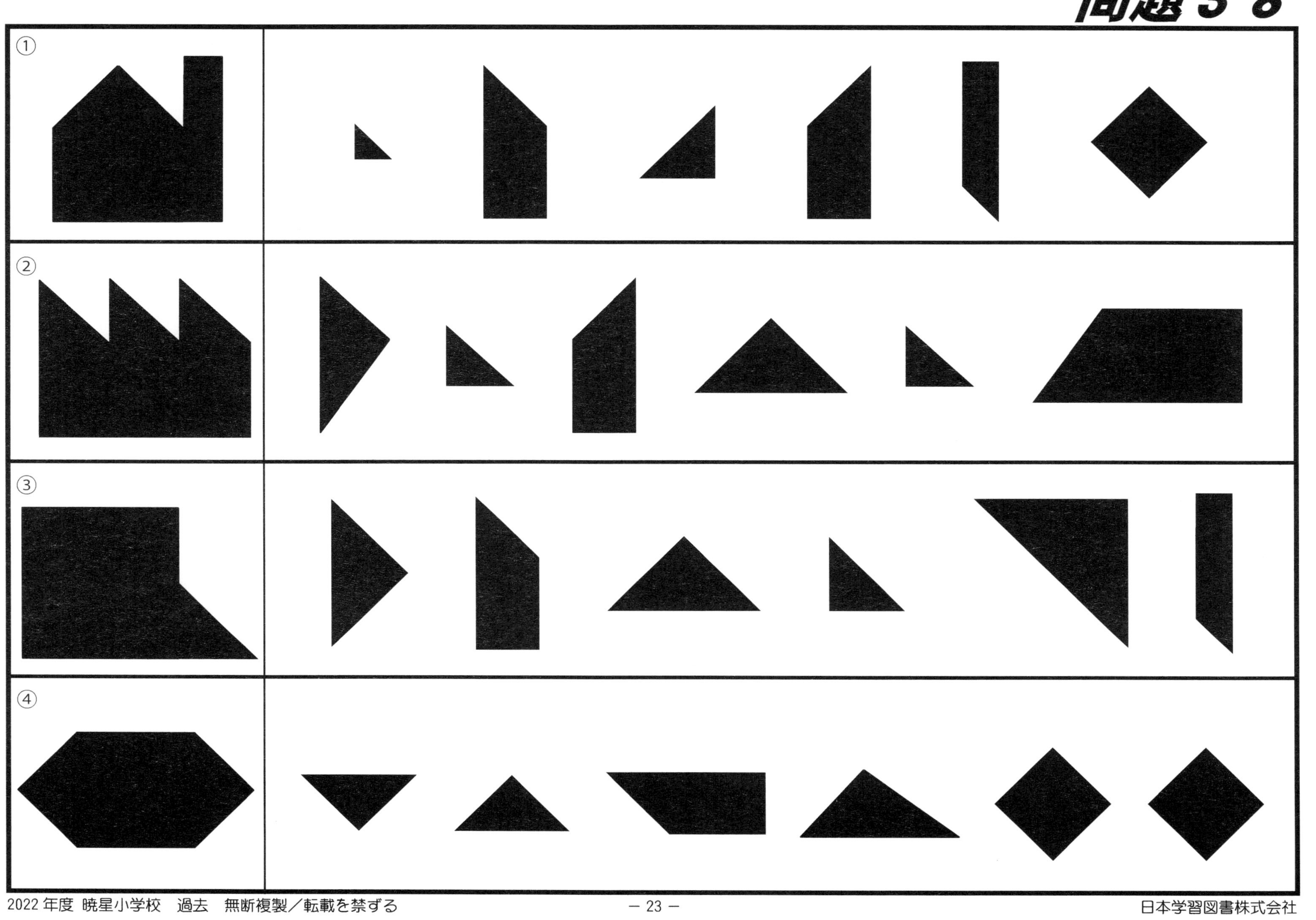

問題39

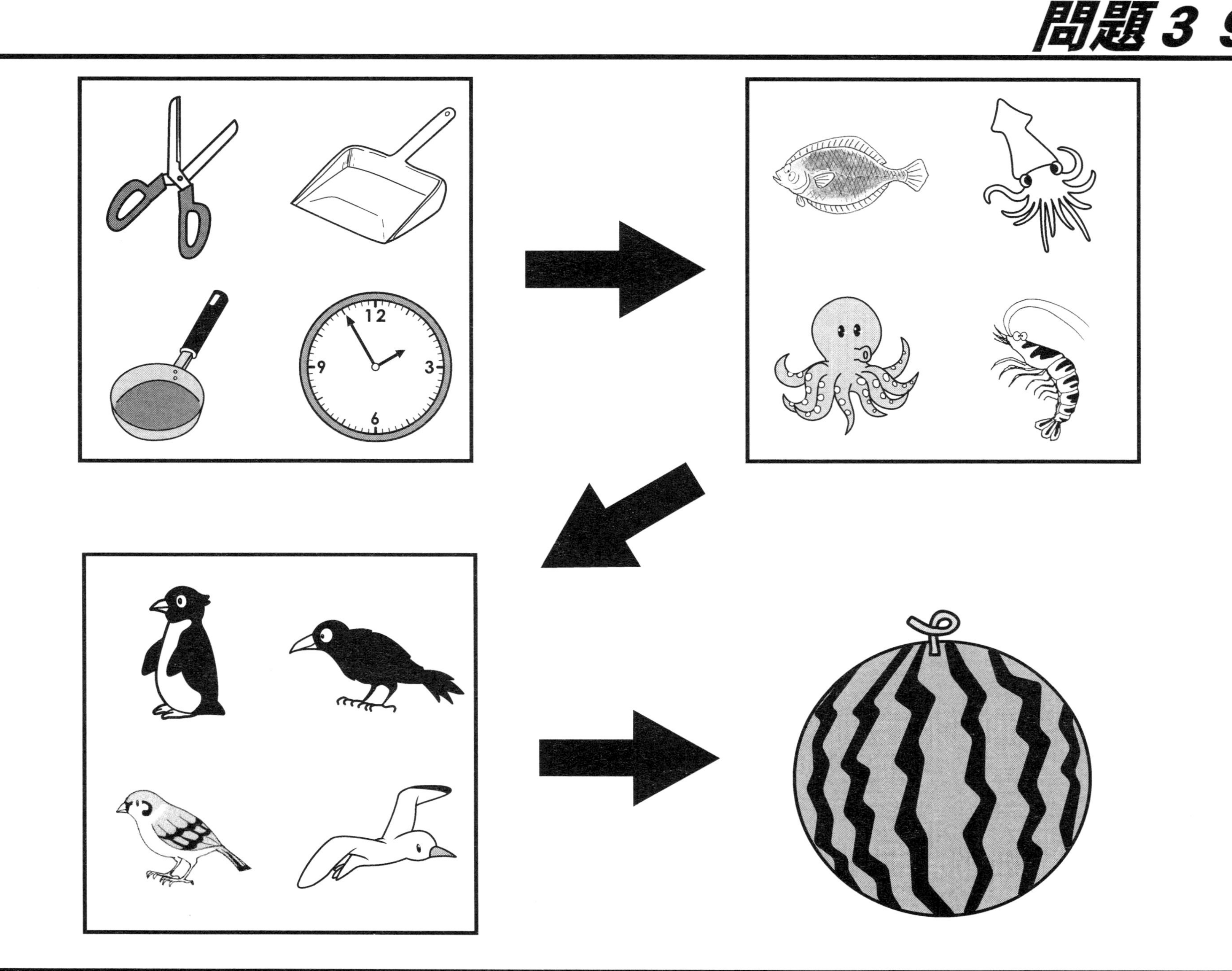

問題４０

問題４１

①

②

③

④

問題４２

①

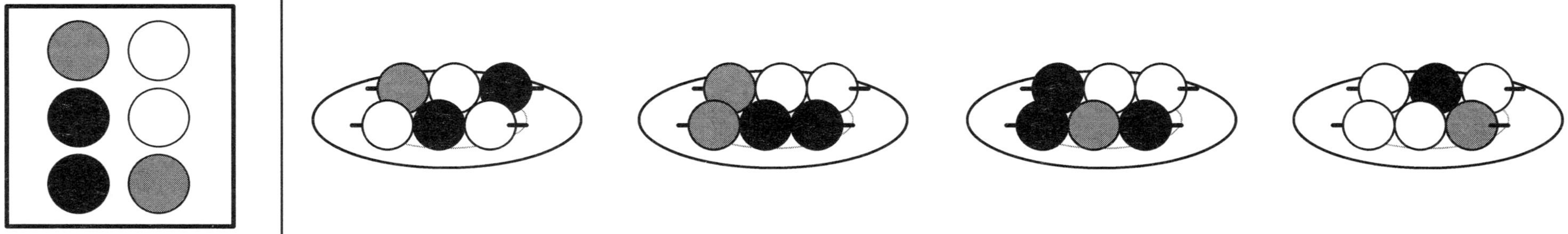

②

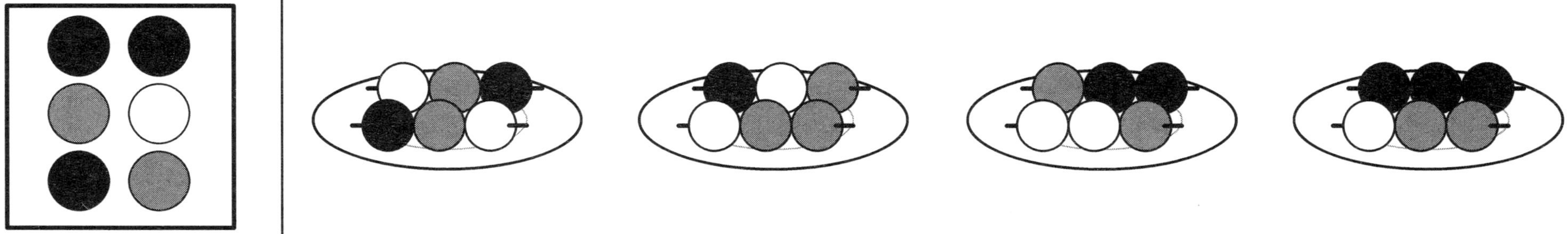

③

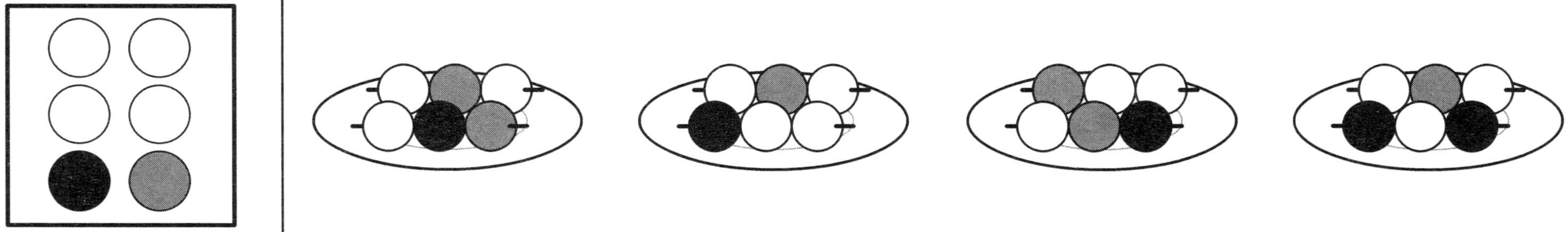

④

問題43

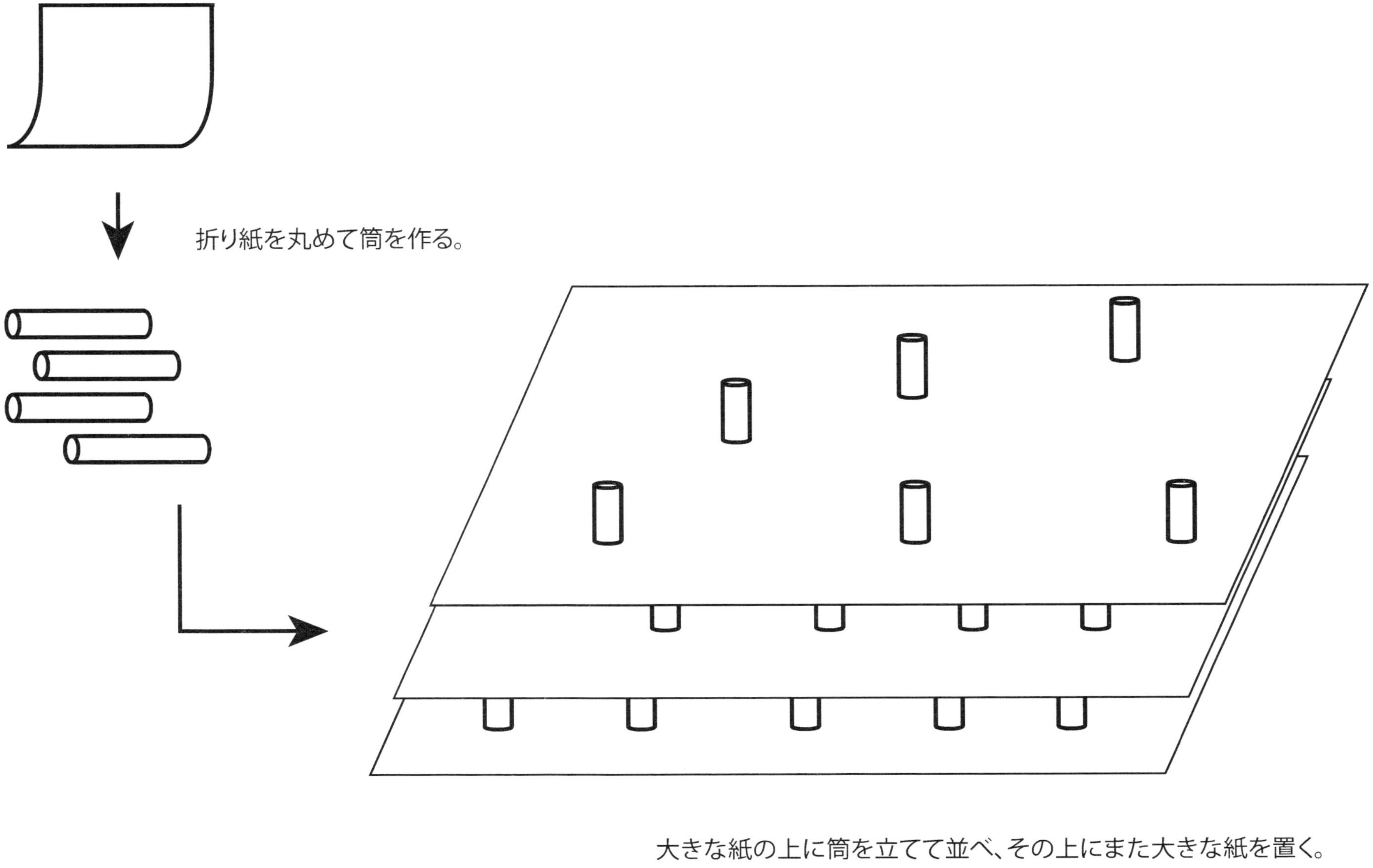

折り紙を丸めて筒を作る。

大きな紙の上に筒を立てて並べ、その上にまた大きな紙を置く。

日本学習図書株式会社

問題44

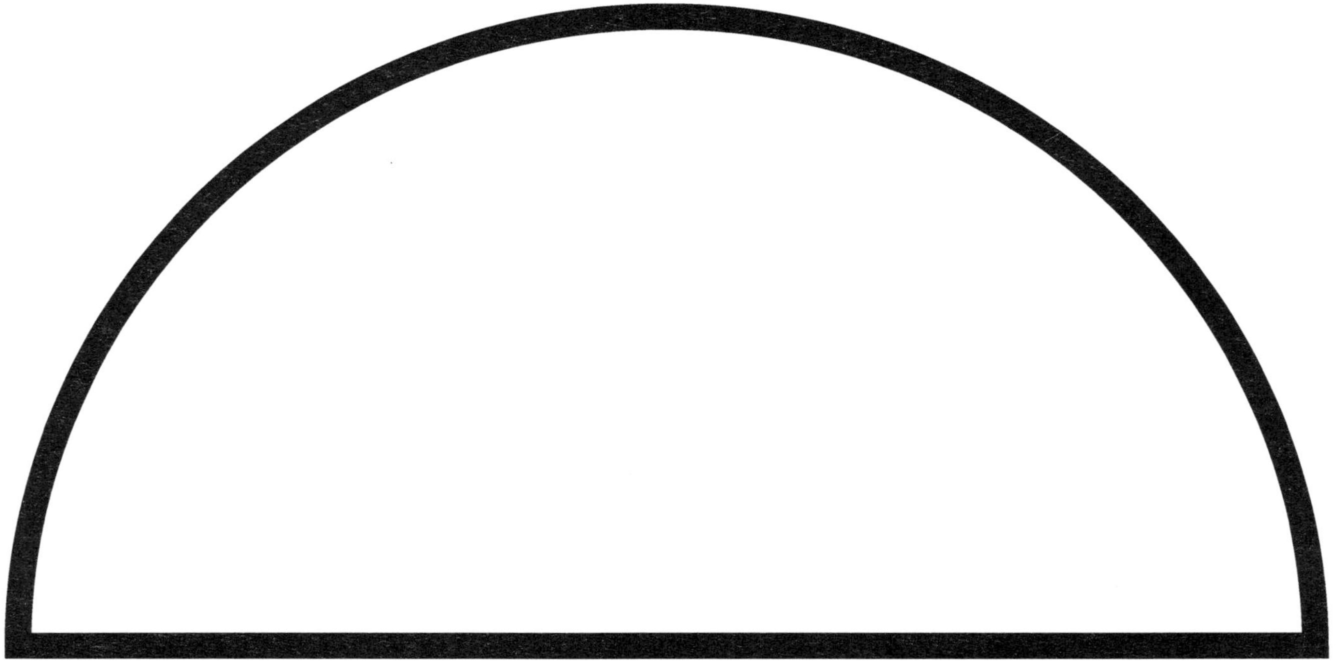

図書カード 1000 円分プレゼント

ご記入日 令和　　年　　月　　日

☆国・私立小学校受験アンケート☆

※可能な範囲でご記入下さい。選択肢は○で囲んで下さい。

〈小学校名〉＿＿＿＿＿＿＿＿　〈お子さまの性別〉男・女　〈誕生月〉＿＿月

〈その他の受験校〉（複数回答可）＿＿＿＿＿＿＿＿

〈受験日〉①：＿月＿日〈時間〉＿時＿分～＿時＿分

②：＿月＿日〈時間〉＿時＿分～＿時＿分

〈受験者数〉男女計＿＿名（男子＿＿名　女子＿＿名）

〈お子さまの服装〉＿＿＿＿＿＿＿＿

〈入試全体の流れ〉（記入例）準備体操→行動観察→ペーパーテスト

＿＿＿＿＿＿＿＿

Eメールによる情報提供

日本学習図書では、Eメールでも入試情報を募集しております。

下記のアドレスに、アンケートの内容をご入力の上、メールをお送り下さい。

ojuken@nichigaku.jp

●行動観察　（例）好きなおもちゃで遊ぶ・グループで協力するゲームなど

〈実施日〉＿月＿日〈時間〉＿時＿分～＿時＿分〈着替え〉□有 □無

〈出題方法〉□肉声 □録音 □その他（　　　　）〈お手本〉□有 □無

〈試験形態〉□個別 □集団（　　人程度）　〈会場図〉

〈内容〉

□自由遊び

＿＿＿＿＿＿＿＿

□グループ活動

＿＿＿＿＿＿＿＿

□その他

＿＿＿＿＿＿＿＿

●運動テスト（有・無）　（例）跳び箱・チームでの競争など

〈実施日〉＿月＿日〈時間〉＿時＿分～＿時＿分〈着替え〉□有 □無

〈出題方法〉□肉声 □録音 □その他（　　　　）〈お手本〉□有 □無

〈試験形態〉□個別 □集団（　　人程度）　〈会場図〉

〈内容〉

□サーキット運動

□走り □跳び箱 □平均台 □ゴム跳び

□マット運動 □ボール運動 □なわ跳び

□クマ歩き

□グループ活動＿＿＿＿＿＿＿＿

□その他＿＿＿＿＿＿＿＿

●知能テスト・口頭試問

〈実施日〉＿＿月＿＿日 〈時間〉＿＿時＿＿分 ～ ＿＿時＿＿分 〈お手本〉□有 □無

〈出題方法〉 □肉声 □録音 □その他（　　　　　） 〈問題数〉 ＿＿枚 ＿＿問

分野	方法	内　　容	詳　細・イ　ラ　ス　ト
（例） お話の記憶	☑筆記 □口頭	動物たちが待ち合わせをする話	（あらすじ） 動物たちが待ち合わせをした。最初にウサギさんが来た。次にイヌくんが、その次にネコさんが来た。最後にタヌキくんが来た。 （問題・イラスト） ３番目に来た動物は誰か
お話の記憶	□筆記 □口頭		（あらすじ） （問題・イラスト）
図形	□筆記 □口頭		
言語	□筆記 □口頭		
常識	□筆記 □口頭		
数量	□筆記 □口頭		
推理	□筆記 □口頭		
その他	□筆記 □口頭		

●制作　(例) ぬり絵・お絵かき・工作遊びなど

〈実施日〉＿＿月＿＿日〈時間〉＿＿時＿＿分＿＿～＿＿時＿＿分

〈出題方法〉□肉声　□録音　□その他（　　　　　）〈お手本〉□有　□無

〈試験形態〉□個別　□集団（　　　人程度）

材料・道具	制作内容
□ハサミ □のり（□つぼ □液体 □スティック） □セロハンテープ □鉛筆 □クレヨン（　色） □クーピーペン（　色） □サインペン（　色）□ □画用紙（□ A4 □ B4 □ A3 □その他：　　　） □折り紙 □新聞紙 □粘土 □その他（　　　）	□切る　□貼る　□塗る　□ちぎる　□結ぶ　□描く　□その他（　　　） タイトル：＿＿＿＿＿＿＿＿

●面接

〈実施日〉＿＿月＿＿日〈時間〉＿＿時＿＿分＿＿～＿＿時＿＿分〈面接担当者〉＿＿名

〈試験形態〉□志願者のみ（　）名 □保護者のみ □親子同時 □親子別々

〈質問内容〉

※試験会場の様子をご記入下さい。

□志望動機　□お子さまの様子

□家庭の教育方針

□志望校についての知識・理解

□その他（　　　　　）

（ 詳　細 ）

・

・

・

・

例

校長先生　教頭先生

㊫　㋙　㊯

出入口

●保護者作文・アンケートの提出（有・無）

〈提出日〉□面接直前　□出願時　□志願者考査中　□その他（　　　　　）

〈下書き〉□有　□無

〈アンケート内容〉

（記入例）当校を志望した理由はなんですか（150 字）

●説明会（□有　□無）〈開催日〉　　月　　日〈時間〉　時　　分　～　時　　分

〈上履き〉　□要　□不要〈願書配布〉　□有　□無〈校舎見学〉　□有　□無

〈ご感想〉

●参加された学校行事（複数回答可）

公開授業〈開催日〉　　月　　日〈時間〉　時　　分　～　時　　分

運動会など〈開催日〉　　月　　日〈時間〉　時　　分　～　時　　分

学習発表会・音楽会など〈開催日〉　　月　　日〈時間〉　時　　分　～　時　　分

〈ご感想〉

※是非参加したほうがよいと感じた行事について

●受験を終えてのご感想、今後受験される方へのアドバイス

※対策学習（重点的に学習しておいた方がよい分野）、当日準備しておいたほうがよい物など

＊＊＊＊＊＊＊＊＊＊＊＊＊　ご記入ありがとうございました　＊＊＊＊＊＊＊＊＊＊＊＊＊

必要事項をご記入の上、ポストにご投函ください。

なお、本アンケートの送付期限は入試終了後３ヶ月とさせていただきます。また、入試に関する情報の記入量が当社の基準に満たない場合、謝礼の送付ができないことがございます。あらかじめご了承ください。

ご住所：〒

お名前：　　　　　　　　メール：

ＴＥＬ：　　　　　　　　ＦＡＸ：

アンケートのご記入ありがとうございました

ご記入頂いた個人に関する情報は、当社にて厳重に管理致します。弊社の個人情報取り扱いに関する詳細は、www.nichigaku.jp/policy.php の「個人情報の取り扱い」をご覧下さい。

分野別 小学入試練習帳 ジュニアウォッチャー

1．点・線図形	小学校入試で出題頻度の高い『点・線図形』の模写を、難易度の低いものから段階別に幅広く練習することができるように構成。
2．座標	図形の位置模写という作業を、難易度の低いものから段階別に練習できるように構成。
3．パズル	様々なパズルの問題を難易度の低いものから段階別に練習できるように構成。
4．同図形探し	小学校入試で出題頻度の高い、同図形選びの問題を繰り返し練習できるように構成。
5．回転・展開	図形などを回転、または展開したとき、形がどのように変化するかを学習し、理解を深められるように構成。
6．系列	数、図形などの様々な系列問題を、難易度の低いものから段階別に練習できるように構成。
7．迷路	迷路の問題を繰り返し練習できるように構成。
8．対称	対称に関する問題を４つのテーマに分類し、各テーマごとに問題を段階別に練習できるように構成。
9．合成	図形の合成に関する問題を、難易度の低いものから段階別に練習できるように構成。
10．四方からの観察	もの（立体）を様々な角度から見て、どのように見えるかを推理する問題を段階別に整理し、１つの形式で複数の問題を練習できるように構成。
11．いろいろな仲間	ものや動物、植物の共通点を見つけ、分類していく問題を中心に構成。
12．日常生活	日常生活における様々な問題を６つのテーマに分類し、各テーマごとに一つの問題形式で複数の問題を練習できるように構成。
13．時間の流れ	『時間』に着目し、様々なものごとは、時間が経過するとどのように変化するのかということを学習し、理解できるように構成。
14．数える	様々なものを『数える』ことから、数の多少の判定やかけ算、わり算の基礎までを練習できるように構成。
15．比較	比較に関する問題を５つのテーマ（数、高さ、長さ、量、重さ）に分類し、各テーマごとに問題を段階別に練習できるように構成。
16．積み木	数える対象を積み木に限定した問題集。
17．言葉の音遊び	言葉の音に関する問題を５つのテーマに分類し、各テーマごとに問題を段階別に練習できるように構成。
18．いろいろな言葉	表現力をより豊かにするいろいろな言葉として、擬態語や擬声語、同音異義語、反意語、数詞を取り上げた問題集。
19．お話の記憶	お話を聴いてその内容を記憶、理解し、設問に答える形式の問題集。
20．見る記憶・聴く記憶	「見て憶える」「聴いて憶える」という『記憶』分野に特化した問題集。
21．お話作り	いくつかの絵を元にしてお話を作る練習をして、想像力を養うことができるように構成。
22．想像画	描かれてある形や景色に好きな絵を描くことにより、想像力を養うことができるように構成。
23．切る・貼る・塗る	小学校入試で出題頻度の高い、はさみやのりなどを用いた巧緻性の問題を繰り返し練習できるように構成。
24．絵画	小学校入試で出題頻度の高い、お絵かきやぬり絵などクレヨンやクーピーペンを用いた巧緻性の問題を繰り返し練習できるように構成。
25．生活巧緻性	小学校入試で出題頻度の高い日常生活の様々な場面における巧緻性の問題集。
26．文字・数字	ひらがなの清音、濁音、拗音、拗長音、促音と１～20までの数字に焦点を絞り、練習できるように構成。
27．理科	小学校入試で出題頻度が高くなりつつある理科の問題を集めた問題集。
28．運動	出題頻度の高い運動問題を種目別に分けて構成。
29．行動観察	項目ごとに問題提起をし、「このような時はどうか、あるいはどう対処するのか」の観点から問いかける形式の問題集。
30．生活習慣	学校から家庭に提起された問題と思って、一問一問絵を見ながら話し合い、考える形式の問題集。
31．推理思考	数、量、言語、常識（含理科、一般）など、諸々のジャンルから問題を構成し、近年の小学校入試問題傾向に沿って構成。
32．ブラックボックス	箱や筒の中を通ると、どのようなお約束でどのように変化するかを推理・思考する問題集。
33．シーソー	重さの違うものをシーソーに乗せた時どちらに傾くのか、またどうすればシーソーは釣り合うのかを思考する基礎的な問題集。
34．季節	様々な行事や植物などを季節別に分類できるように知識をつける問題集。
35．重ね図形	小学校入試で頻繁に出題されている「図形を重ね合わせてできる形」についての問題を集めました。
36．同数発見	様々な物を数え「同じ数」を発見し、数の多少の判断や数の認識の基礎を学べるように構成した問題集。
37．選んで数える	数の学習の基本となる、いろいろなものの数を正しく数える学習を行う問題集。
38．たし算・ひき算１	数字を使わず、たし算とひき算の基礎を身につけるための問題集。
39．たし算・ひき算２	数字を使わず、たし算とひき算の基礎を身につけるための問題集。
40．数を分ける	数を等しく分ける問題です。等しく分けたときに余りが出るものもあります。
41．数の構成	ある数がどのような数で構成されているか学んでいきます。
42．一対多の対応	一対一の対応から、一対多の対応まで、かけ算の考え方の基礎学習を行います。
43．数のやりとり	あげたり、もらったり、数の変化をしっかりと学びます。
44．見えない数	指定された条件から数を導き出します。
45．図形分割	図形の分割に関する問題集。パズルや合成の分野にも通じる様々な問題を集めました。
46．回転図形	「回転図形」に関する問題集。やさしい問題から始め、いくつかの代表的なパターンから、段階を踏んで学習できるよう編集されています。
47．座標の移動	「マス目の指示通りに移動する問題」と「指示された数だけ移動する問題」を収録。
48．鏡図形	鏡で左右反転させた時の見え方を考えます。平面図形から立体図形、文字、絵まで。
49．しりとり	すべての学習の基礎となる「言葉」を学ぶこと、特に「語彙」を増やすことに重点をおき、さまざまなタイプの「しりとり」問題を集めました。
50．観覧車	観覧車やメリーゴーラウンドなどを舞台にした「回転系列」の問題集。「推理思考」分野の問題ですが、要素として「図形」や「数量」も含みます。
51．運筆①	鉛筆の持ち方を学び、点線なぞり、お手本を見ながらの模写で、線を引く練習をします。
52．運筆②	運筆①からさらに発展し、「欠所補完」や「迷路」などを楽しみながら、より複雑な鉛筆運びを習得することを目指します。
53．四方からの観察 積み木編	積み木を使用した「四方からの観察」に関する問題を練習できるように構成。
54．図形の構成	見本の図形がどのような部分によって形づくられているかを考えます。
55．理科②	理科的知識に関する問題を集中して練習する「常識」分野の問題集。
56．マナーとルール	道路や駅、公共の場でのマナー、安全や衛生に関する常識を学べるように構成。
57．置き換え	さまざまな具体的・抽象的事象を記号で表す「置き換え」の問題を扱います。
58．比較②	長さ・高さ・体積・数などを数学的な知識を使わず、論理的に推測する「比較」の問題を練習できるように構成。
59．欠所補完	線と線のつながり、欠けた絵に当てはまるものなどを求める「欠所補完」に取り組める問題集です。
60．言葉の音（おん）	しりとり、決まった順番の音をつなげるなど、「言葉の音」に関する問題に取り組める練習問題集です。